LA MORT
D'ACHILLE,
ET
LA DISPVTE
DE SES ARMES.
TRAGEDIE.

A PARIS,

Chez ANTHOINE DE SOMMAVILLE,
au Palais, dans la petite salle, à l'Escu de France.

M. DC. XXXVI.
Auec Priuilege du Roy.

(4)

AV ROY

IRE,

Puis que toute la France deliurée de sa crainte se
iette aux pieds de V. M. pour luy tesmoigner qu'elle
n'est pas mescognoissante, ie serois le seul coupable, si ie n'augmentois cette honorable foulle de vos
peuples qui porte si haut dans l'air le bruit des iustes acclamations qu'elle donne à la derniere, & à la
plus illustre de vos victoires, voyant comme elle dê-

EPISTRE.

ployé desia ses ailles pour voller de vostre costé. Et
en effet, SIRE, quelques grandes, & quelques
estonnantes qu'ayent esté vos actions depuis que vous
tenez ce magnifique Sceptre que le droit du sang
vous a mis en main, & que vos Royales vertus
vous confirment tous les jours, V. M. sembleroit
n'auoir pas tout à fait trauaillé pour son honneur, si
elle n'auoit eu une plus ample matiere pour occuper
sa grandeur & sa force: tantost elle s'emploioit à
vaincre des Rebelles, tantost à soutenir la foiblesse de
ses Alliez, contre la violence des Vsurpateurs, &
tantost à reprimer l'insolence & la perfidie d'vn Voi-
sin, & d'vn Vassal; Il estoit temps qu'elle fit parêtre
que toutes ses armes luy sont égalemēt auantageuses,
& qu'elle s'aide aussi glorieusement du bouclier que
de l'epée: Et ç'a esté en cette derniere guerre qu'elle
en a donné, & en donne encore des preuues qui met-
tent sa gloire au plus haut poinct qu'elle puisse estre,
& qui font rougir l'Espagne de la honte, & de la
vanité de ses entreprises. Si les autres Monarques
ont de l'assurance, & de la tranquillité dans leurs
Etats, ils la tiennent moins d'eux mesmes que de
leurs sujets qui trauaillent sans cesse pour le salut
& pour l'affermissement de leurs couronnes, mais au
contraire le repos & la seureté que nous auons ne

EPISTRE.

vient pas tant de nous comme c'est vn effet de vostre agitation, & des dangers où V. M. s'expose
tous les jours pour la conseruation de nos vies, & de
nos biens : De façon que nous ne pourions nous dispen-
ser de nos hommages legitimes à moins que d'aiouster
l'ingratitude à la desobeissance, & d'offencer en vostre
personne le meilleur pere qu'ait iamais eu la Patrie,
& le plus grand, & le plus vaillant Roy du monde;
Achile que ie vous offre en toute humilité le confesse-
roit de sa propre bouche si V. M. auoit besoin des
louanges d'vn moindre qu'elle, Ie la suplie tres-hum-
blement qu'il en soit veu de bon œil, & qu'elle pardon-
ne à l'ambition de celuy qui l'ose presenter ; C'est,

SIRE,

de V. M.

Le tres-humble, tres-obeissant, &
tres-fidelle seruiteur & subjet,

DE BENSSERADDE.

AV LECTEVR.

E ſujet de cette Tragedie eſt aſſez fameux pour n'eſtre
pas ignoré de ceux qui la liront, puiſque les plus beaux
geſtes de celuy qui en eſt le Herôs ſont eſcrits d'vn ſty-
le ſi merueilleux par le diuin Homere ; quelques Au-
theurs, comme Dares Phrygius, & Dictys Cretenſis,
en parlent hiſtoriquement, & auec plus de vray-ſem-
blance, i'ay pris des vns & des autres ce que i'en ay iugé neceſſaire
pour l'embelliſſement de la choſe ſans en alterer la verité. Ie m'aſſeu-
re que l'on m'accuſera d'auoir icy choqué les loix fondamentales du
Poëme Dramatique en ce que i'ajouſte à la mort d'Achille, qui eſt
mon objet, la diſpute de ſes armes, & la mort d'Aiax, qui ſemble eſtre
vne piece detachée, mais ie m'imagine que mon action n'en eſt pas
moins vne, & que cette diſpute & cette mort qui pourroit ailleurs tenir lieu d'vne principale action ne doit eſtre icy conſiderée qu'en qualité d'Epiſode & d'incident, veu qu'elle regarde principalement
Achille, & qu'elle n'eſt pas le veritable but de ma Tragedie, bien que ce
ſoit par où elle finit, s'il falloit touſiours finir par la mort du premier
Acteur, le Theatre ſe verroit ſouuét deſpoüillé de ſes plus beaux or-
nemens, la mort de Ceſar ne ſeroit pas ſuiuie du pitoyable ſpectacle
de ſa chemiſe ſanglante qui fait vn ſi merueilleux effect, & qui pouſſe ſi
auant dans les cœurs la compaſſion, le regret, & le deſir de vengeance, quand Aiax ſe tuë du deſeſpoir d'eſtre fruſtré des armes d'Achille,
il ne dône pas tant vne marque de ſa generoſité qu'il laiſſe vn teſmoi-
gnage du merite de ce qu'il recherchoit, & par conſequent cét acte ne
tend qu'à l'honneur de mon Herôs. En tout cas ſi i'ay failly pardon-
ne moy, & puiſqu'il ne m'eſt pas permis d'eſperer vne iuſte loüange
de la meilleure de mes productions, ſouffre que ie tire vn peu de gloire de là plus belle de mes fautes.

PERSONNAGES.

ACHILLE.

BRISEIDE.   Sa Captiue.

ALCIMEDE.   Efcuyer d'Achille.

PRIAM   Roy de Troye.

HECVBE.   Sa femme.

POLIXENE.   Leur fille.

PARIS,
                } Leurs fils.
DEIPHOBE,

AIAX.
                } Capitaines Grecs.
VLISSE.

AGAMEMNON.   General d'armée.

CONSEIL DES GRECS.

TROVPE. DE TROYENS.

VN SOLDAT GREC.

LA MORT D'ACHILLE,

TRAGEDIE.

ACTE PREMIER.
SCENE PREMIERE.

ACHILLE, BRISEIDE.

ACHILLE.

E ne sçay, mon cher cœur, ce qui doit m'arriuer,
Mais depuis quelque temps ie ne fay que res-
  uer,
I'ay tousiours dedans l'ame vn soucy qui me ronge,
Tousiours l'esprit troublé de quelque horrible songe,
Ie ne voy qu'en tremblant l'ombre qui suit mes pas,
Enfin ie crains vn mal que ie ne cognoy pas.

BRISÉIDE.

Si vous n'eſtiez Achille, ou ſi ie n'eſtois femme,
Ie voudrois vous oſter cette frayeur de l'ame.
Hé quoy vous laiſſer vaincre à des illuſions!
Que fait voſtre courage en ces occaſions?
Ne voyant dans ces lieux que meurtres, & que peſtes,
Quels ſonges feriez-vous que des ſonges funeſtes?

ACHILLE.

Soit vne illuſion, ſoit phantoſme, ou vapeur,
Les prodiges ſont grands, puis qu'Achille en a peur.

BRISÉIDE.

Encore, beau Vainqueur, qu'eſt-ce qui vous effraye?

ACHILLE.

Patrocle m'aparoiſt, & me fait voir ſa playe,
Au milieu de la nuict ſon phantoſme ſanglant
S'approche de mon lict d'vn pas affreux, & lent:
Et quand ie l'aperçois, ou que ie l'entends plaindre,
I'aymois tant cet amy que i'ay peur de le craindre,
Il m'appelle, il me preſſe, & me comblant d'effroy,
Me dit d'vn triſte accent, tu m'as vangé, ſuy moy.
Là ma bouche eſt ſans voix quelque effort qu'elle faſſe,
Ie me la ſens fermer par vne main de glace,

Vn pesant faix m'abat quand ie me veux leuer,
Ie le sens qui m'estouffe, & ne le puis trouuer.
La nuiĉt a beau finir, tousiours mon dueil persiste:
Auecque mes amis malgré moy ie suis triste,
Ie pers de iour en iour l'vsage des plaisirs,
Et ne respire plus qu'auecque des soupirs.

BRISEIDE.

,, C'est ainsi que le Ciel aduertit ceux qu'il ayme,
,, Et qu'il voit s'engager dans vn peril extresme.
Croyez pour l'esuiter ce que vous auez veu,
,, Le plus certain presage est menteur estant creu.
Achille, autant d'objeĉts qui troublent vostre ioye,
Sont autant de conseils que le Ciel vous enuoye.
Euitez les dangers où l'on vous voit courir,
,, Vn grand cœur comme vous peut tuër, & mourir.
Vn malheur peut ternir l'esclat qui vous renomme,
Achille est redoutable, il est vaillant, mais homme.

ACHILLE.

,, Nostre vie est vn bien difficille à garder,
,, Afin de la deffendre on la doit hazarder.
Ie m'en croirois indigne au destin qui nous presse
Si ie ne l'exposois pour le bien de la Grece.
La mort dans le peril ne m'espouuante pas,
Ie la crains dans la paix, & la cherche aux combas.

Qu'elle ne vienne à moy que par la noble voye,
Ie ne la craindray point pourueu que ie la voye,
Ie l'ay veuë effroyable, & la verrois encor,
Sans pallir ie l'ay veuë au front du grand Hector:
Mais la fine qu'elle est fait son coup dans le calme,
Souuent elle se cache à l'ombre d'vne palme,
Et c'est là le sujet de ma timidité,
Ie me fie au danger, & crains la seureté.

BRISEIDE.

Cet instinct qui confond nos deux ames ensemble:
Confond nos pasions, vous craignez, & ie tremble.
Achille, au nom des Dieux tesmoins de nostre amour,
Par mes yeux, par mes pleurs, conseruez-moy le jour,
Refroidissez vn peu cette chaleur extresme,
Et ne meurtrissez point l'innocent qui vous ayme,
Mon cœur où comme vn Dieu vous estes adoré,
A qui vostre peril est vn mal asseuré:
Assez de vostre sang honore la Phrygie,
La vague du Scamandre en est assez rougie.
Quel honneur maintenant pouuez vous aquerir?
Hector, & Sarpedon ne sçauroient plus mourir,
Ilion n'en peut plus, qu'il soit pris par vn autre,
La gloire qu'il en reste est moindre que la vostre.

ACHILLE.

Tu n'es-pas toute seule objet de mon soucy,
La gloire est ma maistresse, & ie l'adore aussy:

Pourtant a quelque effect que mon courage monte,
Mes iours sont à toy seule, & ie t'en rendray conte,
Mais que veut Alcimede? vn homme si discret
N'interrompt pas pour peu nostre entretien secret.

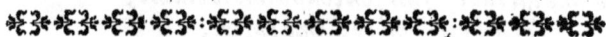

SCENE DEVXIESME.

ALCIMEDE. ACHILLE. BRISEIDE.

ALCIMEDE.

LE Souuerain de Troye, & des femmes dolentes
En faueur de la treve arriuent dans vos tentes,
Auecque des presens, de l'argent, & de l'or,
Afin de racheter le cadaure d'Hector.

ACHILLE.

Si c'est pour ce dessein qu'ils ont quitté la ville,
Je plains vn tel trauail qui leur est inutille,
Ils deuroyent pour leur bien encore y sejourner,
Puis qu'ils ne sont venus que pour s'en retourner.

BRISEIDE.

Helas! n'adioustez rien à leur triste fortune,
Voyez les, & souffrez leur priere importune,
Admirez dans ces gens les diuers coups du Sort,
Monstre capricieux qui vous baise, & les mord.

A iij

Faittes reflexion sur la misere extresme,
D'vn pere sans enfans, d'vn Roy sans diadesme:
Car le trespas d'Hector met Priam à ce point,
Il est pere, il est Prince, & pourtant ne l'est point.
Quant à moy ie ne plains que cette pauure mere,
Ha! combien sa douleur luy doit sembler amere,
De voir que son fils mort est en vostre pouuoir,
Et de n'esperer pas peut-estre de le voir!
D'vn fauorable accueil consolez leur tristesse,
» C'est vne cruauté d'oprimer qui s'abaisse.

ACHILLE.

Ie ne doy pas aussi m'abaisser deuant eux.

BRISEÏDE.

Priam est tousiours Roy bien qu'il soit malheureux,
Vous le deuez traitter côme on traicte vn Monarque,
Biē qu'vn Roy soit tout nu, iamais il n'est sās marque:
» Bien qu'il ait despoüillé tout ce que les Roys ont,
» La majesté luy reste encore sur le front.
» Cette pompe inuisible, & ce rayon celeste,
» Est de tous ses honneurs le dernier qui luy reste.
» Le Sort dont l'inconstance, & l'eleue, & l'abat
» Peut tout sur sa couronne, & rien sur cet éclat.

ACHILLE.

Alcime-
de va
querir
Priam.
Qu'il vienne, ie suis prest d'entendre sa requeste:
Oüy, ie respecteray ce qu'il a sur la teste.

Et ie m'efforceray sans le rendre confus,
De faire vn compliment d'vn honneste refus.
Car de rendre ce corps à la douleur d'vn pere,
Il eut trop d'arrogance, & i'ay trop de cholere.
Mon cher amy Patrocle en fut trop outragé,
Et ie l'offençerois apres l'auoir vangé.

BRISEIDE.

Quoy dédaignerez-vous, & le prix & les larmes
Qu'ils offrent pour vn fils triste object de vos armes?
Voyez à quel mal-heur les a reduits le Sort,
De l'auoir eu viuant, & de l'acheter mort.
Les voicy, ce vieux Roy monstre plus que personne
Que tousiours le bon-heur n'est pas sous la couronne.

SCENE TROSIIESME.

PRIAM. HECVBE. POLIXENE. ACHILLE. BRISEIDE. ALCIMEDE.

ACHILLE, allant receuoir Priam.

CErtes mes ennemis sont trop officieux,
Vous me faictes rougir de venir en ces lieux,
Ie respecte dans vous, & l'âge, & le merite,
Et sçay ce que ie dois à cette belle suitte.

PRIAM.

Ma suitte n'attend point de respect, n'y d'honneur,
Elle est bien moins qu'esclaue, & vous estes Seigneur.
De moy ie ne croy pas, en l'estat desplorable,
Où m'ont reduit les Dieux, estre considerable,
Ny pouuoir exiger vn hommage contraint,
Et par ces cheueux blancs, & par ce qui les ceint.
Non, nous ne venons point l'ame triste, & saisie,
Tirer des complimens de vostre courtoisie,
Ny de ces vains honneurs, braue sang de Thetis.

ACHILLE.

Que me demandez-vous?

PRIAM.

        Nous demandons mon fils,
Par nos cris, par nos pleurs, par l'ennuy qui nous presse,
Par vne langoureuse, & trop longue vieillesse,
Par vos mains que ie baise.

ACHILLE.

        O Dieux, que faictes vous!
Des Reynes, & des Roys embrasser mes genoux!

PRIAM.

Elle s'éuanouïst cette Majesté haute,
Nostre malheur, Achille, & vostre bras nous l'oste.

               ACHILLE.

ACHILLE.

Ie ne souffriray point que vous vous abaißiez.

HECVBE.

Nous sommes comme il faut.

ACHILLE.

Leuez vous, & priez.

BRISÉIDE tout bas.

Tenir pour vn fils mort cette lasche posture!
A quoy ne nous reduit le sang, & la nature?

·PRIAM.

Tous mes enfans, Achille, ont tombé sous vos coups,
Et ie n'en ay iamais murmuré contre vous.
Ie vous croy de mes maux l'instrument, non la cause:
Außy parlant de vous, ie n'ay dit autre chose.
Quand sur moy la fortune a vomy tout son fiel,
Sinon, la main d'Achille est le glaiue du Ciel:
Mes enfans les plus chers ont esté ses victimes,
Et dans mon propre sang il a laué mes crimes:
Par vous il m'a puny, son foudre est vostre fer,
Et les Dieux par vos bras ont voulu m'estouffer.
Ils n'ont pas assouuy leur hayne insatiable,
Troye est plus mal-heureuse, ou ie suis plus coupable.

B

Tout ce que i'ay souffert ne les contente pas,
Achille, par vos mains ils veulent mon trespas,
Finissez-donc ma vie en acheuant mes peines,
Tirez ce peu de sang qui reste dans mes veines,
Ou rendez-moy ce fils qui me touche si fort,
Ie seray chastié quand ie le verray mort:
Si ie le demandois auec l'ame, & la vie
Qu'il ne peut plus auoir, que vous auez rauie,
I'attendrois vn refus, mais helas il me plaist
Tout pasle, tout sanglant, tout massacré qu'il est!
Ha! si vous cognoissiez les mouuemens d'vn pere
Qui sent mon infortune, & souffre ma misere !
Le vostre (braue Achille) est plus heureux que moy,
Cependant sa vieillesse est tousiours dans l'effroy,
Aprehende pour vous, ne cesse de se plaindre,
Et craint ce qu'autrefois i'eus le bon-heur de craindre:
Helas ie le souhaitte exempt de mes malheurs !
Que iamais vostre sang n'attire de ses pleurs,
Soyez tousiours heureux, & que iamais Pelée
N'ait les tristes ennuys dont mon ame est troublee.

ACHILLE.

I'ay pitié de vos iours que la misere suit,
Et ie plains l'infortuné où ie vous voy reduit,
Peussay-ie vous monstrer comme i'en suis sensible!
Mais vous me demandez vne chose impossible:

Vous voulez par des cris en obtenir le don,
Et contre la iustice, & contre la raison;
Que vostre fils Hector en ait abatu mille,
Ait combatu pour vous, ait deffendu sa ville,
Et poussé contre nous par vn courage ardent
N'ait pas mesme espargné mon plus cher confident,
A qui d'vn coup de pique il fit mordre la terre,
Ie sçauois sa valeur, & les loix de la guerre;
Mais de le despoüiller apres l'auoir tué,
Que ce lasche projet se soit effectué,
Le rendre apres cela c'est vne faute insigne;
Il auroit les honneurs dont il est trop indigne,
Et l'on diroit de moy l'autheur de son trespas,
Achille fait mourir, mais il ne punit pas.

PRIAM.

N'estoit-il pas puny, s'il vous parut coupable,
Lors que mort, & vaincu, ce Prince desplorable
Traisné par vos cheuaux, percé de part en part
Faisoit le tour des murs dont il fut le rempart?
Quand on voyoit sa teste en si triste esquipage
Bondir sur les cailloux sanglante, & sans visage,
Et que de tout cela nous estions les tesmoins,
Patrocle, & sa vengeance en vouloient vn peu moins.
A quel ressouuenir vostre rigueur m'oblige!
Pour vous persuader faut-il que ie m'afflige?

Que mon fils soit du moins arrousé de mes pleurs.

ACHILLE.

Son aspect ne feroit qu'augmenter vos douleurs.

PRIAM.

Quoy vous ne voulez pas mesme que ie le voye?
O Prince miserable! ô Troye, autrefois Troye!
Esprouue si son cœur s'amolira pour toy,
Peut-estre la pitié n'est morte que pour moy.

à He-
cube.

HECVBE.

Que les pleurs d'vne mere attendrissent vostre ame,
Donnez à la nature vn bien qu'elle reclame;
Celuy de qui le bras vous resistoit iadis
N'est plus vostre ennemy, mais ç'est tousiours mon fils:
Estre vindicatif mesme apres la victoire,
C'est vostre deshonneur plutost que vostre gloire.

ACHILLE tout bas.

Rien sur ma volonté ne peut estre absolu:
Ils ne l'auront iamais, i'y suis trop resolu.

HECVBE.

Dequoy murmurez-vous?

ACHILLE.

Vostre infortune est grande,
Et ie m'accorderois à ce qu'elle demande.
Mais quoy? ie ne vous puis liurer ce bien fatal
Sans la permißion de nostre General.
Dans l'armée où ie suis on n'excepte personne,
Rien de ce corps n'agit que le chef ne l'ordonne.

HECVBE.

,, Le plus chetif soldat a droict sur son butin,
Et la valeur d'Achille auroit pire destin?
Agenoux deuant luy (ma chere Polixene.)

POLIXENE.

La mere n'y peut rien, la sœur perdra sa peine.

HECVBE.

Adresse ta priere à l'honneur des humains,
Et tends deuers le Ciel tes innocentes mains.

POLIXENE.

Ie n'ose (grand Heros) esperer que mes larmes
Pour vous toucher le cœur soient d'assez fortes armes,
Car i'ay trop peu de grace à pleurer vn malheur
Pour faire la pitié fille de ma douleur.

Mais si voſtre bonté me donne l'aſſeurance
Qu'elles eſbranleront cette rude conſtance,
Ces pleurs dont i'entretiens la memoire d'Hector,
Ces deux fleuues taris pourront couler encor;
Perdez cette rigueur où peu de vertu brille,
Et qu'Achille vne fois ſoit vaincu d'vne fille,
Que l'animoſité mette les armes bas,
,, C'eſt gloire de ſe rendre aux injuſtes combas.
Que voſtre paſſion ne nous ſoit plus contraire,
Que voſtre ennemy mort, ce miſerable frere
Ait vn ſepulchre ailleurs qu'au ſein de ſes parens,
Helas voyez mes pleurs!

ACHILLE.

            Ie me rends, & le rends;
Vos larmes ont eſteint ma vengeance enflammée,
Ce que n'auroit pas fait le pouuoir d'vne armée,
,, Vne ſimple douceur calme nos paſſions,
,, Et des humilitez ont vaincu les lions.
Madame, l'equité veut que ie vous le rende,
Oüy vous auez de moy plus que voſtre demande,
Eſſuyez donc ces pleurs qui font vn tel effort,
Il n'en falloit pas tant pour obtenir vn mort:
Ie recognois ma faute, & ie voudrois, Madame,
En vous rendant ce corps l'animer de mon ame.

PRIAM.

,, *Ainsi des iustes Dieux l'adorable pouuoir*
,, *Fait naistre le bon-heur au tombeau de l'espoir,*
Achille, vos faueurs monstrent ce que vous estes,
Ces presens sont le prix du bien que vous nous faites.
Auec quelle rigueur suis-je traicté du Sort?
Que ie m'estime heureux de reuoir mon fils mort?

On
offre
des pre-
sens.

ACHILLE.

Que n'ay-je le pouuoir de le remettre au monde?
I'estimois sa valeur, elle estoit sans seconde,
Et combien que ie sois l'autheur de son trespas,
Mon cœur, ie vous le iure, en veut mal à mon bras.
Mais quand dedans son corps l'ame seroit remise,
(Souffrez que ie vous parle auec toute franchise)
Quand mesme il paroistroit comme il parut vn iour
Quand il fit à nos gens souhaitter le retour,
Et qu'il vint furieux deffendant vos Pergames,
Ietter dans nos vaisseaux la frayeur, & des flames,
A quoy vous seruiroit la force de ses coups?
Vous auez la iustice, & les dieux contre vous:
,, *Que l'on soit plus qu'vn Mars, & puissant, & robuste,*
,, *Il n'est rien de si fort qu'vne querelle iuste,*
,, *L'ennemy vigoureux combat moins vaillament*
,, *Que le foible ennemy qui combat iustement,*

,, *Et l'on voit bien souuent où la force preside,*
,, *Vn pigmée innocent vaincre vn coupable Alcide.*
Que ne nous rendez-vous cette infame beauté
Qui nous fait tant de peine, & vous a tant cousté?
C'est elle plus que moy qui fait rougir vos fleuues,
Qui dépeuple Ilion, & qui fait tant de veufues,
Qui perdant vos enfans vous fait perdre vn thresor,
Et qui porta ma pique à la gorge d'Hector.
Ie voudrois vous seruir auec vn zele extresme, [mesme,
Mais comment vous seruir? vous vous nuisez, vous-
I'ay pitié de vous voir en ce fascheux estat,
Et ie ne marche plus qu'à regret au combat.
Vos affaires vont mal.

PRIAM.

En l'estat où nous sommes,
Nous n'auons du secours ny des Dieux, ny des hommes.
Nous auons sous les maux mille fois succombé:
Le superbe Ilion seroit desia tombé,
N'estoit qu'il doute encore en son destin supresme
S'il faut ou qu'il se perde, & s'acable soy-mesme,
Ou tombe du costé d'où la foudre luy vient:
Et cette incertitude est ce qui le maintient.
Deiphobe, Paris, & le jeune Troile
Dignes freres d'Hector, sont l'apuy de ma ville:
C'est où i'en suis reduit.

ACHILLE.

ACHILLE.

Entrons. Pour vos presens,
Auec le corps d'Hector de bon cœur ie les rens,
Il faut nous visiter tant que la tresue dure,
Vous serez plus heureux, Achille vous le iure.

HECVBE.

O genereux Guerrier!

BRISEIDE.

Ce nouueau changement
Me donne de la crainte, & de l'estonnemens.

Fin du premier Acte.

C

ACTE II.
SCENE PREMIERE.
PRIAM. HECVBE. PARIS.
PRIAM.

Ais est-il bien poßible, & le deuõs-nous croire,
Que sur luy Polixene, ait aquis cette gloire?
Que cette paßion ait calmé son courroux,
Et qu'il ayme estant Grec quelque chose de nous?

HECVBE.

Mais est-il bien poßible, & le deuons nous croire
Qu'vne voix sans visage ait aquis cette gloire?
Ou que sur ce grand cœur vne grande beauté
Ait eu tant de pouuoir sans l'auoir surmonté?
Que n'auons-nous pas fait? la ieune Polixene
L'a moins prié que nous, n'a pas eu tant de peine.
A quoy donc si ses yeux n'auoient eu quelque droit,
Auroit-il accordé ce qu'il nous refusoit?

PARIS.

Que n'eſtois-je auec vous? i'euſſe veu ſa penſée,
De quelle affection elle eſtoit trauerſée,
Et d'où venoit en luy ce mouuement ſi prompt,
Car ie cognoy le cœur dés que ie voy le front,
Des feux les plus cachez ie voy des eſtincelles,
Et iuge de l'amour auſſy bien que des belles.
Achille inexorable, & puis humilié,
C'eſt enſemble vn effect d'amour, & de pitié,
Ce double mouuement qui tient l'ame engagée,
Peut naiſtre des appas d'vne belle affligée,
„ Rien n'eſt plus eloquent que de beaux yeux moüillez,
„ Par eux ſont de fureur les Tygres deſpoüillez.
Sans doute que ma ſœur eſt dans l'eſprit d'Achille,
Et cette affection nous eſt beaucoup vtile.

PRIAM.

Si ma fille deuoit vous attirer à nous,
Achille, ha que plutoſt ne l'apperceuſtes vous!
On ne vous euſt point veu ſi fatal à ma ioye,
Derriere voſtre char traiſner Hector, & Troye.
Tu viurois mon enfant, l'appuy de mes citez,
Et le retardement de nos fatalitez.

PARIS.

Que voſtre majeſté ne perde point courage,
Et ſauuons, s'il ſe peut, les reſtes du naufrage.

C ij

L'Amour nous donne Achille, & s'il est diuerty,
Nous pourrons voir Aiax entrer dans son party.

PRIAM.

Trauaillez-donc pour vous, Hector, & ma vieillesse
N'accroistront point l'honneur des pompes de la Grece,
Il est mort, & ie meurs, attendez vostre fin,
Et poussez iusqu'au bout vostre ieune destin,
Car c'est pour vous, Paris, que Mars se rassasie,
Et du sang de l'Europe, & du sang de l'Asie,
Nos mal-heurs sont de vous, vous les auez produits,
Et vostre seule pomme a fait naistre ces fruits.

PARIS.

Ie sçay que i'ay causé nos plus tristes iournees,
Et ce iuste reproche a plus de neuf annees.
Mais quoy que cette guerre offre à mon souuenir,
L'amour la commença, l'honneur la doit finir.

HECVBE.

Que l'amour la finisse, & que le cœur d'Achille
En aymant Polixene ayme aussi nostre ville,
Nous le pourrons gagner, iamais selon nos vœux
Plus belle occasion ne monstra ses cheueux.
Le voicy, cet œil doux, & ce front peu seuere
Ne s'accordent point mal à ce que i'en espere.

※〈・※〈・※〈・※〈・※〈・※〈・ ※〈・※〈・※〈・※〈・※〈・※〈

SCENE DEVXIESME.

PRIAM. (luy allant à la rencontre.)

NOus venons de pleurer sur les cendres d'Hector,
Et de ses os bruslez le bucher fume encor,
Depuis que nous menons cette vie affligée,
Neuf fois i'ay veu jaunir nos plaines de Sigée,
Et desia par neuf fois Ide le Sacré mont
De neige, & de frimas s'est couronné le front.
Nous n'abandonnons point ceux qui cessent de viure,
On nous voit tous les iours les brusler, ou les suiure,
Et la fatalité de nos communs malheurs
Nous fait tousiours respādre ou du sang, ou des pleurs.
Que ne vous trouuiez-vous parmy la compagnie
Pour estre spectateur de la ceremonie.

ACHILLE.

Ie ne recherche point d'accroistre mon mal-heur,
Ma douleur me suffit sans vne autre douleur,
Mon esprit souffre assez au mal qu'il se propose,
Sans voir ce triste effect dont mon bras est la cause,
,, Nostre felicité n'est pas d'estre Vainqueur,
,, Et souuent la victoire est triste dans le cœur.

C iij

HECVBE.

Ha ne vous plaignez point : tout vous rit sur la terre,
Iamais sur vos lauriers n'est tombé le tonnerre,
Vous rompez, terracez tout ce qui nous deffend,
Tousiours victorieux, & tousiours triomphant.

ACHILLE.

Le sujet de vos maux ne l'est pas de ma joye,
Ie ne serois heureux quand i'aurois conquis Troye,
Qu'en ce poinct que i'aurois loin de vous affliger,
L'honneur de vous la rendre, & de vous obliger ;
Car où i'en suis reduit, mon plaisir, ny ma gloire
Ne me sçauroient venir du fruict d'vne victoire.
Mais souffrez que tout haut ie vous proteste icy,
Que si vous endurez, Achille endure aussy.
I'ignore qui de nous a plus sujet de craindre,
Encor vous plaignez-vous, moy ie ne m'ose plaindre.

PRIAM.

Quel que soit vostre mal, ie le souffre auec vous,
Et i'ay pitié de ceux qui n'en ont point de nous.
Contraire à l'ennemy qui nuit alors qu'il aide,
I'y voudrois aporter vn diligent remede;
Et ie soulagerois les maux que vous auez,
Pourueu que ie le peusse.

ACHILLE.

Helas! vous le pouuez.

Que voſtre Majeſté m'accorde vne requeſte,
Ie vous offre mon bras, ie vous offre ma teſte,
Si voſtre courroux veut, ou ne veut s'aſſouuir,
Il s'en pourra vanger, ou s'en pourra ſeruir:
Nos vaiſſeaux reuerront les riues de Mycene,
Ie feray ſubſiſter la paix auecque Helene,
Si le Grec orgueilleux ne veut pas l'accorder,
Nous le mettrons au poinct de vous la demander.
Troye apres ce refus me verra, ie le iure,
Souſtenir ſa querelle, & vanger mon injure,
Tournant contre les miens ma colere, & ce fer,
L'on verra par Achille Ilion triompher,
Et mieux que quand Hector par tout ſe faiſoit voye,
Vous verreż refleurir voſtre premiere Troye,
Achille eſtant Troyen ne demordra iamais.

PRIAM.

Vous nous le promettez ?

ACHILLE.

Ha ! ie vous le promets.

PRIAM.

Demandez hardiment, aſſeuré que ma vie,
Si vous la demandez ſe donne à voſtre enuie.

ACHILLE.

Mais deuant qu'à vos yeux mon mal soit exposé,
Pardonnez-moy celuy que ie vous ay causé,
Ie n'obtiens que par là ceste faueur insigne,
Et par là seulement mon espoir s'en rend digne:
Aussy suis-je bien loing d'impetrer ce beau don,
Si ie ne fais encor que demander pardon,
Dois-je helas! me flatter de l'honneur que i'espere?
,, Qui tremble pour la peine est bien loin du salaire.

Il se met
à genoux. Ces sentimens d'orgueil enfin se font perdus,
Ie vous rends les deuoirs que vous m'auez rendus,
Par vos mesmes sanglots où i'adiouste la flamme,
Vos souspirs arrachez du plus profond de l'ame,
Par cette voix qui triste, & touchant ma rigueur
Me demandoit vn corps, ie vous demande vn cœur,
C'est ce grand cœur dont mesme vne fille est maistresse,
Polixene a forcé le bouclier de la Grece:
Mais qu'au lieu de le rendre il puisse estre accepté,
Et que ce pauure cœur n'en soit point rebuté,
Qu'vn hymen des souspirs fasse naistre la ioye,
Et pour vn commun bien sauuez Achille, & Troye.

PRIAM.

,, Celuy certes n'est pas mal-heureux à demy
,, Qui n'attend des bien-faicts que de son ennemy:

Vn

Vn mortel craint des Dieux, aymé de la victoire
Se laiſſe donc ſurprendre au milieu de ſa gloire?
Et voſtre grand courage eſt donc reduit au point
D'eſperer en ma grace, ou de n'eſperer point?
Quoy ma fille aymeroit nos plus grands aduerſaires?
Elle ſeroit le prix du meurtre de ſes freres?
Et ie vous pourrois faire vn traittement ſi doux
Apres les maux ſanglans que i'ay receu de vous?
Ie ne veux point pourtant tromper voſtre eſperance,
Ny faire qu'vn refus me ſerue de vengeance,
Nous procurant la paix ſous ces conditions,
Que ma fille reſponde à vos affections.

ACHILLE.

Ha ce doux mot r'anime vn cœur reduit en cendre!
Vous me donnez la paix, & ie vous la veux rendre.
Achille qui ioüiſt d'vn bon-heur ſans eſgal,
Vous fera plus de bien qu'il ne vous fit de mal,
Et ſi de voſtre ſang il rougit plus qu'vn autre,
Il vous offre le ſien en eſchange du voſtre,
I'acheueray pour vous ce qu'Hector proiettoit.

HECVBE.

Helas ſoyez nous donc ce qu'Hector nous eſtoit.

ACHILLE.

Ie ne merite pas cet honneur que i'eſpere,
Ie fus ſon homicide, & ie ſeray ſon frere.

D

PARIS.

Il faut rompre les loix de la ciuilité,
Et que ie vous embraſſe en cette qualité.

ACHILLE.

Ouy, Pâris, en faueur des beaux yeux de ma Reyne
Ce bras qui pourſuiuoit deffendra ton Helene,
Ie reſſens les tranſports dont tu fus poſſedé,
„ Et ſçay qu'vn beau threſor doit bien eſtre gardé.
Mais, Sire, permettez qu'en ce lieu ie m'acquitte
Des deuoirs d'vn amant deuant que ie vous quitte,
Souffrez qu'auparauant que d'aller au conſeil,
I'offre vn premier hommage à ce ieune Soleil.

PRIAM.

A receuoir vos vœux ma fille eſt preparée,
Mais que vos entretiens ſoient de peu de durée,
Vous n'eſtes pas encore au point de vous vnir,
Et la treſve accordée eſt preſte de finir.
Haſtez-vous, & penſez que toute voſtre ioye
Ne depend ſeulement que du reſpos de Troye,
Et qu'il faut pour ſon bien qu'Achille deſormais
Change vne courte treſve en vne longue paix.

Tous ſ'en-
trent.

＊❦＊❦＊❦＊❦＊❦＊❦ ＊❦＊❦＊❦＊❦＊❦＊❦

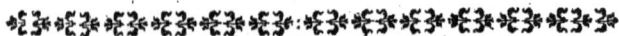

SCENE TROISIESME.

ALCIMEDE demeure seul.

V va ce pauure aueugle ? il court au precipice,
„ Ha ie voy bien qu'Achille est foible sãs Vlisse,
„ Que la force ne peut diuertir vn mal-heur,
„ Et qu'il faut la prudence auecque la valeur.
Priam se voit superbe, & tout d'vn temps sa ville
Vange Hector, tient Helene, & triomphe d'Achille.
Comme sa passion se change incontinent,
Tantost il estoit froid, il brusle maintenant,
Il songeoit à Patrocle, il songe à Polixene,
Il regrettoit sa mort, il souffre vne autre peine,
Il arrousoit de pleurs son triste monument,
Nous le vismes amy, nous le voyons amant :
Vne ieune ennemie est sa chere maistresse,
Tu t'en plains (Briseide) & moy ie plains la Grece,
Affligeons nous tous deux priuez de tout bon-heur,
Et de son inconstance, & de son des-honneur;
Vne fille sur luy remporte la victoire !
Il perd en vn seul iour plus de neuf ans de gloire,
Et s'abaisse, vaincu par de simples regars,
Iusqu'à rendre à l'Amour ce qu'il a pris à Mars?

D ij

De plus son mal s'aigrit en telle violence,
Que qui le veut guerir se ruyne, & l'offence,
Et l'on doit pour complaire à ses feux dissolus
Dire qu'il est bien sain quand il souffre le plus.
Ie ne luy diray mot, mais aussy cette lettre
Qu'en partant Briseide en mes mains vient de mettre,
Ou peut-estre elle tasche à l'attirer à soy,
Luy parlera sans doute, & pour elle, & pour moy.
Parla te l'aduertis du danger qui le presse,
C'est la voix d'Alcimede, & la voix de la Grece!
Ie le desgageray de ces foibles appas,
Et luy remonstreray mesme en ne parlant pas.

✦❧✦❧ ✦❧✦❧ ✦❧✦❧ ✦❧ ✦❧✦❧✦❧ ✦❧✦❧

SCENE QVATRIESME.

ACHILLE. POLIXENE.

Vne chambre paroist, & Achille aux pieds de Polixene
qui luy presente son espée nuë.

ACHILLE.

NON, Madame, acheuez mon destin miserable,
Vangez-vous, perdez-moy par vn coup fauorable,
Qui retarde l'effort de vostre belle main?
Est-ce pitié, foiblesse, injustice, ou desdain?
I'ay choisi ce supplice, en songez-vous vn autre?
Espargnez-vous mon sang? i'ay tant versé du vostre.

POLIXENE.

Quelle grace au coupable enfin puis-je donner
Puis que c'est le punir que de luy pardonner?
Pourquoy desirez-vous que cette main vous tuë?
Quoy depuis la faueur que de vous i'ay receuë,
Depuis qu'à ma priere on vous a veu changer,
M'auez-vous obligée à vous desobliger?

ACHILLE.

Si vous m'estiez bon iuge en cognoissant mon crime,
Vous le feriez passer pour acte legitime.
Mais vous estes seuere, & ie suis criminel
A cause que ie sçay que vous me croirez tel.
Ouy ie vous faschay moins meurtrissant vostre frere,
Ie ne fus que hardy, mais ie suis temeraire.
Tous mes faits ne sont rien, ie m'esleue au dessus,
I'ay beaucoup fait, Madame, & i'ose encore plus,
Mon audace merite vne cheute pompeuse,
Et cette vanité rend ma honte fameuse.
Qu'elle perisse donc sans me faire parler,
Que l'ambition creue à force de s'enfler:
Ie peche contre vous sans remors, & sans blasme.

POLIXENE.

Mais quel est ce peché?

ACHILLE.

Ie vous ayme, Madame,
C'est ma temerité, ma gloire, mon forfait,
Et voilà ce que i'ose apres ce que i'ay fait :
Mon cœur s'ose flatter de l'espoir de vous plaire,
Et qui peut tout ailleurs est icy temeraire.
Vous m'auez commandé de ne le point celer,
Si ce sont deux pechez que souffrir, & parler,
Le premier est de moy, le dernier est le vostre,
Punissez-moy de l'vn, accusez-vous de l'autre.
I'ay cessé d'estre libre afin d'estre captif,
Afin d'estre amoureux d'estre vindicatif :
Ma colere a donné la géfne à la Nature,
Ie n'ay point eu pitié de sa triste auenture,
Qu'vn pere ait souspiré, qu'vne mere ait gemy,
Ie n'ay point pour cela cessé d'estre ennemy :
Mais vos yeux ont flechy mon courage farouche,
Et m'ont persuadé bien mieux que vostre bouche,
Ie pensois resister, mais il a bien fallu
Rendre Hector, & mon cœur quãd vos yeux l'ont voulu :
Ie les veux adorer, contentons mon enuie,
Et que ie sçache d'eux à quel point est ma vie,
Orgueilleux Souuerains, dont i'adore les loix,
Espoir ambitieux de plus de mille Roys!

POLIXENE.

Vous dont le bras nourrit l'ennuy qui me deuore,
M'affligez-vous desia? la tresue dure encore,
Quand vous vous reposez, laissez-moy respirer,
Attendez le combat pour me faire pleurer,
„ Ce n'est pas desirer vn plaisir agreable
„ Que de chercher à rire auec vn miserable.

ACHILLE.

Doutez-vous que mon mal ne soit pas violent?
Pour voir mon cœur bruslé, vous l'allez voir sanglant,
Ce fer.

POLIXENE.

    Ie vous veux croire, hé bien Achille m'ayme,
Il me veut quelque bien, i'en fais aussi de mesme.

ACHILLE.

Vous m'aymez?

POLIXENE.

    Il est vray, ie vous le dis encor,
Comme ie puis aymer l'homicide d'Hector.

ACHILLE.

Ha mal-heur de mes iours! mais finissez ma peine

POLIXENE.

Mais vous estes Achille, & ie suis Polixene,

Voftre cœur ayme-t'il ceux que voftre bras hait,
Contre qui tous les jours vous fuez fous l'armet?
Et comment voulez-vous que de bon œil ie voye
L'homicide d'Hector, & l'ennemy de Troye?
Ha trifte fouuenir de mes derniers mal-heurs!
Las! efteignez vos feux, laiffez couler mes pleurs.

ACHILLE.

Faut-il qu'à fes grands maux mon foible efprit refifte?
Que le plus affligé confole le moins trifte!
Ne mouïllez plus vos yeux mes aymables vainqueurs,
N'efteignez -pas ainfi le beau bucher des cœurs;
Adorable Princeffe, en mon ardeur extrefme,
Helas vous fay-je tort de dire, ie vous ayme?
Vn ennemy mourant offence-t'il beaucoup,
S'il dit à fon vainqueur, voy ma playe; & ton coup?
Blafmez, fi ie vous ayme auecque violence,
Voftre commandement, non pas mon infolence,
Ne m'auez-vous pas dit me demandant Hector,
Pour vous flefchir mes pleurs peuuent couler encor?
Perdez cette rigueur où peu de gloire brille,
Et qu'Achille vne fois foit vaincu d'vne fille.
Euffay-ie apres cela combatu vos appas?
Souffrés que i'obeïffe; ou ne commandés pas.
Que n'ay-je pour vous vaincre auec vos propres armes,
Vos cheueux arrachés, vos fanglots, & vos larmes!

Vous

Vous en auez flechy mon furieux couroux,
Et ie n'ay iufqu'icy rien obtenu de vous:
Ie ne puis empefcher que ma douleur n'efclatte,
Vous eftes pour mon bien trop belle, & trop ingratte,
Ie fçay bien, que par moy Troye a fouuent gemy,
Mais ie n'ay pas toufiours efté voftre ennemy:
Vos chefs, & vos foldats mefme vantent ma gloire,
Ie n'ay point de leur fang fait rougir ma victoire,
Ie croy que le bien-fait a l'offence efgalé,
I'ay fait mourir Hector, mais vous l'auez bruslé.
Souffrez que ie me plaigne, & vous nomme cruelle,
,, Sous le pied qui l'efcrafe vn ver eft bien rebelle.

POLIXENE.

Quoy l'Amour n'a pour vous que de rudes appas?
Si l'on ne vous embraffe, on ne vous ayme pas?
,, Le foldat ancien de fon fang ne s'effraye,
,, Et le ieune pâlit au foupçon d'vne playe:
,, L'vn ignore comment vn laurier eft gagné,
,, L'autre a vaincu cent fois apres auoir faigné.
,, Celuy qui dans l'Amour a confommé fon âge
,, Pour vn fimple defdain ne perd pas le courage,
,, Et le ieune au contraire auffi toft qu'on le void
,, Penfe qu'on le detefte alors qu'on luy fait froid,
,, L'vn cognoift les defdains, & fçait qu'Amour en vfe,
,, L'autre ignore qu'il donne auffi-toft qu'il refufe.

E

Esperez, ie veux suiure au point où ie me vois,
Ce que leurs Majestés mè prescriront de lois.

ACHILLE.

Si ces discours sont vrais, si le cœur les auoüe,
La fortune m'esleue au dessus de sa roüe,
Et ie me voy si haut par mon amour ardant,
Que ie ne puis aller au Ciel qu'en descendant.

POLIXENE.

Vous aurez ce bon-heur, si le Ciel vous l'octroye:
Cependant épargnez le plus pur sang de Troye,
N'ayez plus aux combas vn cœur trop enflammé,
Et soiez moins vaillant pour estre plus aymé.

ACHILLE.

Si les moins valeureux dedans vostre memoire
Sont les plus caressez, ie renonce à la gloire,
Et ne recherche plus l'honneur dans les hazars,
J'ayme mieux estre aymé de Venus que de Mars.
Il luy bai-　*Mais pour m'en assurer, que ie laisse, Madame,*
se la main.　*Sur cette belle main la moitié de mon ame,*
Voyons leurs Majestés deuant que mon conseil
Applique sur vos maux vn premier appareil.

Fin du 2. Acte.

ACTE III.
SCENE PREMIERE.

ACHILLE, AIAX,
VLISSE, BRISEIDE.

ACHILLE.

NON, ie n'en feray rien, vous perdez vôtre
    peine,
Vous écriuez sur l'onde, & semez sur l'arene.
Vlysse, vos discours sont icy superflus,
Aiax, nostre amitié ne peut rien là dessus;
Des interests d'autruy i'ay l'ame dépouillée,
On ne me trompe plus, ma veuë est désillée,
Et ie voy bien apres tant de nobles efforts
,, Qu'obliger des ingrats cest embaumer des morts.
Qu'ils me viennent conter que ie ternis ma gloire,
Puis qu'on ne me croit plus, ie ne les veux plus croire:
Je ne doy plus pour eux à la guerre estre ardant,
Et vous me trahissez me le persuadant.

E ij

Ie me veux conseruer, le repos dans mes Tentes
Rendra mes passions tranquilles & contentes.
Ie les verray perir mes lasches, mes ingras,
Et me vangeray d'eux en ne les vangeant pas.

AIAX.

Mais tu pardonnerois, si tu me voulois croire,
A cette ingratitude, à cause de ta gloire.
Exerce pour ton bien ce bras si valeureux,
Fais pour toy (cher Amy) ce que tu fis pour eux:
Quoy tu veux estre oysif au siege d'vne ville?
Parce qu'ils sont ingrats, tu cesses d'estre Achille?
Tu te priues d'honneur? non non qu'ils soient ingras,
Qu'ils ne t'escoutent point, qu'ils pechent, & combas,
Que des fleuues de sang rougissent la campagne,
Va (genereux Achille) & qu'Aiax t'accompagne.

ACHILLE.

I'espargne icy mon sang, va prodiguer le tien,
Ton bras pour triompher n'a que faire du mien.
Si tous les autres chefs lasches, & plains de vices
Deuenoient des Aiaxs, deuenoient des Vlysses,
Que chacun eust en soy la force de vos bras,
Ie m'en vangerois mal en ne combattant pas.

VLISSE.

Si ie combas sans vous, ma foiblesse est extresme,
Et les plus valeureux sans doute en sont de mesme,

Voſtre ſeule preſence anime noſtre cœur,
Et nous ſommes vaincus, ſi vous n'eſtes vainqueur.
Venez donc comme vn foudre au milieu des allarmes,
Que ie vous recognoiſſe encore par les armes,
Vous perdites Patrocle en vn pareil courroux,
Si vous ne nous menez combien en perdrez vous?
Si iuſques à la fin le malheur nous trauaille,
Sans auoir combattu vous perdrez la bataille,
Et les Troyens rauis ſe vanteront apres
D'auoir bien profité des querelles des Grecs.
,, Vne diſſention rompt la plus forte armee,
,, Et de tant de projets fait vn peu de fumee:
,, Sa malice affoiblit ce corps le demembrant,
,, Et fait mille ruiſſeaux d'vn vaſte, & fier torrent.
Quoy vous voir à la paix ardent plus que perſonne,
Que pouuez -vous penſer que l'armee en ſoupçonne?
Vous offencez la Grece, & ſur tout Menelas,
Vous le pouuez vanger, & ne le faites pas,
Vous voulez tout auoir de puiſſance abſoluë,
Et ne combattrez plus ſi la paix n'eſt concluë,
Et l'accord eſtant fait des Troyens, & de nous,
En quelle occaſion nous obligerez -vous?
Ce n'eſt pas qu'en la paix vous ne ſoyez vtille,
Mais c'eſt par la valeur que vous eſtes Achille.
Ie dis ſans vous flatter quel eſt mon ſentiment,
Et parlant en amy ie parle hardiment,

E iij

Et dis que ce demon qui trouble noftre ioye
A de l'intelligence auec celuy de Troye.
Hé quoy pouuons nous faire yne honorable paix
Auec des ennemis que nous auons deffaits?
Doit-on ainfi traiter l'ennemy qu'on terraffe?
Ils font deffous nos pieds , demanderons nous grace?
Pourquoy finirons-nous la vieille inimitié?
Nous ne les craignons pas , en auons - nous pitié?
Voyons nous quelque chofe en cette ville infame,
Qui nous doiue empefcher d'y ietter de la flame?
Que pretendez - vous donc?

ACHILLE.

Ie veux que ces ingras
Vfent de mon confeil comme ils font de mon bras.

VLISSE.

Si vous ne donnez-pas vn confeil falutaire,
Faut-il qu'on fe ruyne afin de vous complaire?

ACHILLE.

Il n'eft pas plus vtile au Phrygien qu'au Grec.

V·LISSE.

A l'vn il eft vtile , à l'autre il eft fufpec.

ACHILLE.

Autant, ou plus que Troye, Argos est affligee.

VLISSE.

L'vne pourtant assiege, & l'autre est assiegee.

ACHILLE.

Troye a bien de la force, & son pouuoir est grand.

VLISSE, vn peu bas.

Elle est forte, il est vray, puis qu'Achille s'y rend,

ACHILLE.

Ses murs facilement ne se peuuent abbatre.

VLISSE.

„ *Où l'on resiste mieux, c'est là qu'il faut combattre.*

ACHILLE.

Ses temples sont remplis d'enseignes, & d'escus.

VLISSE.

Ha qu'on ne cognoist pas tous ceux qu'elle a vaincus!

AIAX.

Ie n'en suis pas du nombre, & l'orgueil des Pergames
M'a veu luy resister, & destourner ses flames:

Ce bouclier d'vn vainqueur ne fut iamais le prix,
On me l'a bien fauſſé, mais on ne l'a point pris,
Et tout rompu qu'il eſt, auecque mon adreſſe,
Il pare bien des traits qu'on deſcoche à la Grece:
Mais contre les Troyens nos trouppes ſont aux champs,
Deſia l'on voit à nu mille glaiues trenchans,
Reioignons le ſoldat que noſtre abſence effraye,
Peut-eſtre la patrie a receu quelque playe,
Allons la ſecourir, allons vaincre, ou mourons;
Irons-nous ſeuls, Achille, ou ſi nous te ſuiurons?

ACHILLE.

Plutoſt ie tombe vif dans l'Erebe effroyable,
Plutoſt.

AIAX.

　　　　Allons, Vlyſſe, il eſt inexorable,
Ce mouuement cruel en luy n'eſt pas noüueau,
Il verroit tout en feu qu'il plaindroit vn peu d'eau;
Allons où la valeur eſclate, & ſe renomme,
Et ne perdons pas tout pour gaigner vn ſeul homme.

VLISSE en r'entrant.

,, Achille, vn ennemy ne ſe doit frequenter,
,, C'eſt gloirë de le perdre, & non de le hanter.

SCENE

SCENE DEVXIESME.

ACHILLE, BRISEIDE.

ACHILLE.

Omment on me ſoupçonne? on me fait cette injure?
Et ma fidelité trouue qui la cenſure?
Apres cette aſſeurance, où mon bras les a mis,
On croit que ie m'entends auec nos ennemis,
Voilà ma recompenſe, & c'eſt là le ſalaire
Des belles actions qu'Ilion m'à veu faire?
Ha que l'ingratitude eſt vn vice odieux,
Mes lauriers ſont flêtris deuant que d'eſtre vieux,
Et la Grece oubliant ſa miſere ancienne,
Taſche à perdre ma gloire, & i'ay ſauué la ſienne?
Tout ce qui reſte à Troye alors que l'on ſe bat,
Que le ſexe, ou que l'âge exempte du combat,
Vieillards, femmes, enfãs, vains fardeaux de la guerre,
Contre moy dans vn temple inuoquent le tonnerre,
Parce qu'à des ingrats mon cœur maintient ſa foy,
Et i'attire pour eux tous ces vœux contre moy.

BRISEIDE.

C'eſt ce que le deuoir m'a commandé d'écrire
Quand la timidité m'empeſchoit de le dire,

F

Vlyſſe, & tous les chefs ont cette opinion
Que vous fauoriſez le party d'Ilion,
Et que vous auez fait charmé de Polixene
L'objet d'vne amitié de l'objet d'vne hayne;
Voyant par ce ſoupçon voſtre bonneur ſe fleſtrir,
Ie n'oſay vous le dire, & ne le pus ſouffrir,
Si bien qu'en ce billet ie vous ay fait apprendre
Qu'on penſoit qu'aux Troyens voſtre foy s'alloit rēdre,
Qu'vne ieune beauté changoit vos paſſions,
Et qu'elle auoit gaigné vos inclinations.

ACHILLE.

„ De combien d'accidens eſt la vertu ſuiuie,
„ Et qu'elle euite peu les pieges de l'enuie,
„ Comme elle eſt m'eſcognuë, & comme l'innocent
„ Paſſe pour criminel alors qu'il eſt abſent:
Si la treſue permet qu'Achille ſe promene,
Il veut du bien à Troye, il ayme Polixene:
Et ſi durant le temps que l'on prend du repos,
Il parle aux ennemis, Achille vend Argos.

BRISEIDE.

I'ay peur que l'inconſtance ait terny voſtre gloire.

ACHILLE.

Vous m'accuſez à tort.

BRISEIDE.

Hé bien ie le veux croire
Que tousiours sur vostre ame vn mesme amour agit,
,, Mais on peut accuser l'innocent qui rougit.
Briseide en beauté le cede à Polixene,
Souffrez, souffrez pour elle vne amoureuse peine,
Preferez ses attraits à ma fidelité,
Mais aimez vostre honneur autant que sa beauté.
Ie ne demande pas (beau, mais cruel Achille)
Que vous n'aymiez que moy, ie serois inciuile,
Ny que vous vous teniez à mes foibles appas,
Ny que vous me gardiez ce que vous n'auez pas,
Ie ne veux point forcer vostre humeur desloyale,
Non, non, mais seulement cognoissez ma riualle,
Songez que de vos faicts elle a souuent gemy,
,, Et qu'il est dangereux d'aymer son ennemy.

ACHILLE en le baisant.

Ne croy point, mon soucy, que ie change de flame,
Et qu'vn objet nouueau te chasse de mon ame.

BRISEIDE.

Perfide, ces doux mots ne sont plus de saison,
A quoy sert le baiser apres la trahison ?
Eclatez mes douleurs, puis que ie suis sortie
Des bornes du respect, & de la modestie.

LA MORT D'ACHILLE.

Inconſtant, infidelle, eſt-ce là cette foy
Que tu m'auois iuré qui ne ſeroit qu'à moy?
Quoy te verray-ie donc entre les bras d'vne autre
De qui l'affection n'égalle point la nôtre?
Qui te ſuſcitera les fureurs de l'enfer,
Et ne t'embraſſera qu'afin de t'étouffer?
Qu'Amour te faſſe voir ma riuale plus belle,
Tu peux bien t'aſſurer qu'elle t'eſt moins fidelle:
Donc ſans changer l'obiect de ton contentement,
Vis auec moins de ioye, & vis plus ſeurement:
Auray-ie cet affront moy qui fus glorieuſe?
Non, non, viuons aymée, ou mourons odieuſe.

ACHILLE.

Que voulez-vous, ialouze! ha que mal à propos
Ie pris cette importune au ſiege de Leſbos
Pour acroiſtre l'ennuy de la guerre de Troye,
Et pour perſecuter mon repos, & ma ioye:
Il eſt vray, Polixene occupe mon ſoucy,
Vous éclatez, la belle, & moy i'éclate auſſi:
Ie ne veux plus ſouffrir que vôtre orgueil me braue,
Polixene eſt maiſtreſſe, & vous éſtes eſclaue,
Ie luy rends par deuoir, & d'inclination
Ce que ie ne vous rends que par affection,
On vous aime, on vous ſert, vous eſtes reueree,
Mais c'eſt vous captiuer d'vne chaine doree.

Adieu, ne pensez plus que l'on vous fasse tort,
Et ne regardez point plus haut que vostre sort.

Il r'entre.

SCENE TROISIESME.

BRISEIDE seule.

Taisons-nous, il le faut, & mon maistre l'ordonne,
,, Heureux qui n'a de loy que celle qu'il se donne,
,, Dont toujours la fortune est en vn mesme point,
,, Qui ne fut iamais haut, ou qui ne tombe point!
Pourquoy faut-il seruir deux puissances pour vne
Esclaue de l'Amour comme de la Fortune?
Cruel commandement de l'ingrat que ie sers!
Ie n'ose témoigner que ie cheris mes fers,
Quoy que i'en sois ialouse en vne telle sorte
Que ie ne puis souffrir qu'autre que moy les porte:
Bien, mon cœur, qu'il s'engage à de nouueaux apas,
Crains pour luy seulement, mais ne murmure pas,
Songe qu'il se ruine, & non pas qu'il t'offence,
Ne plains que son malheur, souffre son inconstance:
Il n'est point de malheur qui soit égal au mien,
Ie crains plus toutefois les presages du sien,
Aux sacrez intestins des victimes plus pures
Ie voy d'vn accident les sinistres augures,

F iij

Ciel deſtourne ce mal, i'ayme mieux au ſurplus
Voir Achille inconſtant que de ne le voir plus,
Ie luy témoigneray que ma flame eſt extrême,
Et ie me veux haïr pour montrer que ie l'aime,
S'il faut ſouffrir ſa mort, ſon change ou mon trépas,
Qu'il viue, que ie meure, & qu'il ne m'ayme pas.

SCENE QVATRIESME.

HECVBE. POLIXENE.

POLIXENE.

MOn Dieu! qu'il eſt parfaict, qu'il eſt remply de
    charmes,
Quand ie ne le voy point mettre la main aux armes!
I'ay regret que ſon bras qui nous eſtoit fatal,
M'ait ſi long-temps forcée à luy vouloir du mal,
Combien pour cette paix il eſt opiniâtre,
N'ayant pû l'obtenir l'aperçoit-on combatre?
Qui de cette meſlée eſt auſſi le témoin,
Iuge facilement qu'Achille en eſt bien loin:
C'eſt la meilleure preuue, & ie n'en veux point d'autres
Que le mal-heur des Grecs, & le bon-heur des nôtres.
Nous ſommes les vaincus quand il eſt animé,

Vous auez bien pû voir de deſſus la muraille,
Ceux à qui Mars promet l'honneur de la bataille.
Le Troyen par ſon ſang commence à s'enflamer,
S'il en pert vne goute, il en tire vne mer.
Qu'il fait beau veoir Pàris, Deiphébe, & Troïle,
Et que leur force éclate en l'abſence d'Achille ?

POLIXENE.

,, Ainſi loin du Soleil tous les arbres ſont beaux,
,, Ainſi pres du Soleil il n'eſt plus de flambeaux:
Auſſi l'aſpect d'Achille horrible à ma memoire,
Change en fatalité le ſort de la victoire,
Et ce ieune guerrier ne ſort point du combat
Qu'il n'ait couché par terre vn pillier de l'Eſtat.

HECVBE.

Careſſez-le pourtant, faictes-en de l'eſtime,
Si ce n'eſt par amour, que ce ſoit par maxime,
Songeons au bien preſent, le mal ſoit oublié,
Il nous perd ennemy, qu'il nous ſerue allié,
Que ſon affection repare nôtre perte,
Et qu'il ferme la playe apres l'auoir ouuerte:
Nouriſſez ſon eſpoir d'vn fauorable acueil,
Quoy que vous ayez peine à le voir de bon œil,
Et qu'il vous ſoit à charge en ſa flame amoureuſe,
Il fut nôtre ennemy, vous eſtes genereuſe,

Et vous vous souuenez, qu'il nous a fait pastir,
Mais sommes-nous au temps de nous en ressentir?
Nous qui n'auons plus rien de ce pouuoir antique?
Non, flattons le serpent de peur qu'il nous repique,
Ne nous ressentons point de tant d'affreux combas,
Sauuons seulement Troye, & ne la vangeons pas.

POLIXENE.

Suiuant vos loix, Madame, on n'est iamais blâmable,
Vous voulez que ie l'ayme, hé bien il est aymable,
Ie prefere à mes vœux le commun interest,
Et le trouue charmant à cause qu'il vous plaist,
Ie rendray mon desir conforme à vôtre attente.

HECVBE.

Que nous serons heureux! que vous serez contente!
Vous auez, en cela de faciles moyens,
De faire triompher la valeur des Troyens,
Vous regnerez, les Dieux vous en feront la grace,
Quels seront vos enfans, cette superbe race,
Estant fils d'vn Achille, & neueux d'vn Hector?
N'estimerez-vous pas vn si riche thresor?
Achille est vn époux que le Ciel vous enuoye,
Et l'aymant, vous aymez Priam, Hecube, & Troye.
Mais le ieune Pâris ayant quitté son rang
Vient couuert de sueur, de poußiere, & de sang.

Pâris
parest
armé.

POLIXENE.

POLIXENE.

De quelque horreur que ſoit la bataille comblée,
Il ſe démelle bien touſiours de la meſlée.

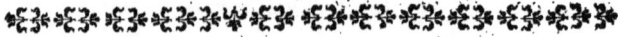

SCENE CINQVIESME.

HECVBE. PARIS. POLIXENE.

HECVBE.

SOmmes-nous les vaincus, ou les victorieux?
Comment va le combat?

PARIS.

Tout va bien grace aux Dieux,
L'armee eſt en deroutte, elle a pris l'eſpouuante,
La bataille nous eſt glorieuſe, & ſanglante.

HECVBE.

Nos gens, comme on les voit de la tour d'Ilion,
Ont bien de l'aduantage à mon opinion.

PARIS.

Oüy, mais vne victoire eſt-elle ſi parfaicte
„ Qu'elle ne couſte rien: qui la gaigne l'achette,
„ Sur ſa felicité le vainqueur s'appuyant
„ Treſbuche, & l'ennemy ſe retourne en fuyant:

G

Touſiours quelque Troyen que ſon courage incite
Pourſuiuant vn Gregeois trouue ce qu'il éuite,
A tous deux le combat apporte du renom,
Et meſme le vaincu fait gloire de ſon nom.
L'on ne cueillit iamais de palme moins facile,
Quoy dãs chãque Gregeois ſe trouue vn cœur d'Achille,
Tous Chefs, & tous ſoldats qui ne redoutent rien,
Ils occupent ſa place, & la rempliſſent bien.
Nous triomphons poùrtant, & le champ nous demeure.

HECVBE.

Et vos freres, Pâris?

PARIS.

Ils combattent ſur l'heure,
Mille eſcadrons vaincus rendent l'amẽ à leurs pieds,
Pour moy i'en ſuis ſort y comme vous me voyez,
Ie ne compare point mes faits à ceux d'Alcide,
Mais ie reuiens ſanglant, & mon carquois eſt vuide.

HECVBE.

Nous n'auons deſormais pour noſtre commun bien
Qu'à ſuplier les Dieux qu'ils ne nous oſtent rien.

POLIXENE.

Mais mon frere, Troile?

PARIS.

Il eſt comme vne foudre,
Qui briſe, qui ſacage, & qui met tout en poudre,

Ses regards menaçans sont des éclairs d'horreur,
Et son front est vn ciel où tonne la terreur,
Il a trop de furie, & gagne plus de gloire
Dans l'ardeur d'vn combat que dans vne victoire,
Son couroux deuroit estre vn peu moins violent,
Il est braue, il est fort, mais il est insolent,
Comme il a du courage, & comme il hait Achille,
Il croit que la dépouille en est assez facile,
Pense l'épouuanter, & croit que ce vainqueur
Aprehende le frere, & n'ayme pas la sœur,
Sa vaillance deffie vn qui vous idolâtre,
Qui nous permet de vaincre, & nous laisse combatre,
Et sa temerité le porte aueuglement,
Vne pique à la main, iusqu'au retranchement,
Viens, lasche, vien, poltron, parois deuant Troile,
(Ce sont ses propres mots) es-tu ce braue Achille?
Sois-le contre celuy qui s'opose à tes yeux,
Vien me donner la mort plustost que des Neueux.
A quoy que sa promesse, & son amour l'engage,
Achille n'est pas homme à souffrir vn outrage,

POLIXENE.

Où va-t'il s'engager?

HECVBE.

　　　　　　　Quel accident voilà,
Dieux! mais pourquoy le craindre? ils n'en viendront
　pas là,

　　　　　　　　　　　G ij

En faueur de l'objet du feu qui le consomme,
Achille excusera cette ardeur de ieune homme.
Voudroit-il ruyner ses amoureux desseins?

PARIS.

Mais ie croy ce mal-heur, parce que ie le crains.

HECVBE.

Pour voir de nos esprits cette crainte soustraitte,
Persuadez au Roy qu'on sonne la retraitte,
Qu'aux ennemis battus on daigne pardonner.
Aussy bien c'est trop vaincre, il faut se couronner.
Qu'auant qu'on la demande il accorde la tresue,
Et que par la pitié sa victoire s'acheue,
Afin que Mars respire apres auoir fremy,
Et que nous puissions voir nostre cher ennemy.
Courez, tandis qu'au temple auec vn sacrifice
Nous allons à nos vœux rendre le Ciel propice.

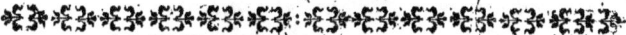

❖❖❖❖❖❖❖❖❖❖❖❖❖❖❖❖❖❖

SCENE SIXIESME.

ACHILLE, ALCIMEDE.

ACHILLE, Il sort armé l'espée à la main.

H Ac'est trop, Alcimede, à ma gloire estre lent,
　Il faut que ie responde à ce ieune insolent,

Que ie me satisface, & que ie le contente,
Puis qu'il nous vient brauer iusques dans nôtre Tente,
Par ce coup mes desseins ne seront plus suspects,
Il finira ma honte, & le soupçon des Grecs.

ALCIMEDE.

Mais Polixene?

ACHILLE.

ô Dieux!

ALCIMEDE.

Vous l'aimez?

ACHILLE.   Je l'adore.

ALCIMEDE.

N'allez point au combat, si vous l'aymez encore,
Obeïssez aux Loix que l'Amour vous enioint,
Ou ne la voyez plus, ou ne combattez point.

ACHILLE.

Ce n'est pas le conseil qu'Achille voudroit suiure,
Ou ne la voyez plus? sans la voir puis-ie viure?
Non, non, sois assuré (fidelle confident)
Que ie ne les perdray iamais qu'en me perdant.

G iij

En frapant les Troyens ie luy veux rendre hommage,
Et ie sçay le secret de vaincre sans dommage,
Ie n'attaqueray point qui me vient d'affronter,
Mais en me deffendant ie le veux surmonter.
Allons, ie vay gagner vne telle victoire
Que mesme les vaincus auront part à ma gloire.

Fin du troisiesme Acte.

ACTE IIII.

SCENE PREMIERE.

HECVBE. POLIXENE.
PARIS. DEIPHOBE.

HECVBE.

*Dieux! Seueres Dieux, contre nous muti-
nez,
Vous auez bâty Troye, & vous la ruinez!
Vous faillez comme nous tous, parfaits
que vous estes,*
Vostre ouurage est mauuais puisque vous le deffaites,
Mais i'ay tort, ie blaspheme, & vous n'estes point tels,
Vous estes iustes Dieux, nous coupables mortels,
Ilion iustement souffre ce qu'il endure,
Et c'est vn chastiment, & non pas vne iniure,
Toy sous qui l'Vniuers autrefois a tremblé,
Grande ville deserte, & Grand tombeau peuplé,

Aide contre toy-mesme à la fureur celeste,
Couure ce qui n'est plus, opprime ce qui reste,
Ce coup apaisera la colere des Dieux,
Et s'il est volontaire, il sera glorieux.
Des respects (Polixene) & la mort de Troile
Sont enfin les doux fruits de l'amitié d'Achille,
Voilà des traits d'un cœur qui n'adore que vous,
Voila comme il vous aime, & comme il est pour nous,
Aussi ie m'estonnois que cet inexorable
Vous eust veu malheureuse, & vous eust crüe aymable,
Eust cogneu des attraits parmy tant de malheurs,
Et qu'il eust veu vostre œil au trauers de ses pleurs.

POLIXENE.

Nous luy deüions rauir d'une puissante amorce
Auec l'inimitié le pouuoir, & la force,
,, C'est ainsi qu'on s'assure, & c'est estre imprudens
,, Qu'apriuoiser vn Tigre, & luy laisser des dents.

PARIS.

Quand i'aperceus Troile aueuglé par sa gloire,
Ie commençay dés lors à craindre la victoire,
Ie vis où se romproit son insolent effort,
Il portoit sur le front nos malheurs, & sa mort.
Achille eust bien voulu pardonner à mon frere,
Il fut impatient, l'autre fut temeraire.

HECVBE.

HECVBE.

Quoy vous tonnez, si peu contre vn si grand forfait?
Qui le blasme à demy l'excuse tout a fait,
Vostre frere eust raison de deffendre sa ville,
Il aymoit vn Hector, nous aymions vn Achille,
S'oposoit brauement à ses pretentions,
Il vouloit le punir, nous le récompensions,
Le traistre fit mourir & son frere, & le vôtre,
Il detestoit sa main, elle touchoit la nôstre.
Que n'eus-ie mesme sort, mesme dessein qu'à luy,
Ie n'aurois pas ailleurs recherché de l'apuy,
Et loin d'vne action si lasche, & si honteuse,
I'aurois vescu sans crime, & mourrois glorieuse.

PARIS.

Bien loin de l'excuser, ie voudrois que ma main
Luy mit pour nous vanger vn poignard dans le sein,
Ie me ressentiray de cette offence extrême.

DEIPHOBE.

Ie suis bien resolu d'en faire aussi de mesme,
Quand nous aurons passé le iour de nostre dueil,
Et que mon frere aura sa pompe, & son cercueil,
Pour la voir tout le peuple est dessus les murailles.

HECVBE.

Hé quoy veut-on si tost faire des funerailles?

H

Tentons auparauant vn genereux effort,
Tout ce qui doit mourir n'est pas encore mort,
Nous deuons des sujets à l'infernal Empire
Troïle ne vit plus, mais Achille respire:
Mon superbe dessein veut estre effectué,
Attendons à bruler que nous ayons tüé,
Et pour bien assouuir ma vangeance, & la vôtre,
Preparons vn bucher deuant qu'allumer l'autre.
Si iamais (Polixene) vn si perfide Amant
Regna dans vostre esprit, changez de sentimant,
Si iamais il y fut, ostez-le de vostre ame,
De peur qu'on ne vous blesse en frapant cét infame,
Plus que ce traitre obiet mon vouloir vous fut doux,
Vous l'aymastes pour moy, detestez-le pour vous.

POLIXENE.

Vostre commandement ne m'est pas beaucoup rude,
Ie reprens aysément cette douce habitude:
Si pour vn desloyal ie parus m'enflamer,
Ce fut vous obeïr, ce ne fut pas l'aymer:
S'il estoit dans mon cœur, ce qu'on ne doit pas craindre,
Ie me le percerois pour tascher de l'atteindre,
Cet amour fut de vous, il estoit tout nouueau,
Vous auez estouffé vostre enfant au berceau.

HECVBE.

Detestable, & perfide, ennemy de ma ioye,
Tigre qui dans mon sang as presque noyé Troye,

Que ne tiens-ie ton cœur sous mes auides dents,
Et que ne puis-ie faire en mes desirs ardens,
En te le deuorant, & rongeant tes entrailles,
A ton corps demy-vif de longues funerailles!
Soyez les instrumens de mon iuste couroux,

Elle parle à Paris & à Deiphobe.

Perdez-vous pour le perdre, & qu'il tombe sur vous:
Ne peut-on pas punir ce cruel aduersaire?
Quoy, n'est-il pas viuant, na-t'il pas vne mere
Qui craint de voir trop tost ses beaux iours abregez,
Qu'il meure, qu'elle pleure, & nous sommes vangez.
Pour Hector, & Troïle animez vos coleres,
Car vous ne m'estes rien, si vous n'estes leurs freres.

DEIPHOBE.

Nous ferons voir, Madame, à vostre maiesté
Que nous tenons beaucoup de ce qu'ils ont esté.

PARIS.

Ouy, nous luy ferons voir mourant en braues hommes
Ce qu'Hector nous estoit, & ce que nous luy sommes.

HECVBE.

Dans ce noble dessein vous ne pouuez perir,
Et le iour est venu qu'Achille peut mourir,
Le perfide qu'il est, ce detestable Achille
Demande Polixene en me rendant Troïle,

H ij

Il pense qu'il m'oblige, & croit le ranimer,
Nous faisant obtenir le temps de l'inhumer.
Son Escuyer m'a dit qu'il me prioit de croire
Qu'il n'auoit point commis vne action si noire,
Qu'à regret son serment auoit esté faussé,
Mais qu'il n'auoit rien fait qu'il ne s'y vit forcé,
Qu'il me prioit d'aller seignant vn sacrifice
Au Temple d'Apollon afin que ie le visse,
Et là qu'il esperoit de se rendre inocent,
Et digne des regars de son Soleil absent,
Moy cachant ma douleur qui taschoit de paraistre,
Ouy i'iray, çay-ie dit, parler à vostre maistre.
Vous pouuez aux cheueux prendre l'ocasion
De faire maintenant vne belle action,
Vne belle action sous l'image d'vn crime
Au Temple ou vous attend cette noire victime
Que vous immolerez sur la tombe d'Hector.

DEIPHOBE.

Ha! qu'il meure, ou mourons, consultons-nous encor?

PARIS.

Il perira par moy, sa mort est assuree,
Les Dieux me l'ont promise, & ce bras la iuree,
De son perfide sang mes flesches rougiront,
Et ie feray pallir son crime sur son front,

Il verra que ma main, quoy qu'il soit plus qu'vn homme,
Sçait aussi bien donner le trespas qu'vne pomme,
Qu'vn nombre de Troyens pour en estre témoin
Enuironne le Temple, & nous suiue de loin,
Si nous le surprenons ce n'est point chose estrange,
,,*Car qui trahit vn traitre est digne de loüange.*

DEIPHOBE.

,, *Quand on sçait bien choisir & le temps, & le lieu,*
,, *On peut venir à bout de la force d'vn Dieu.*

HECVBE.

,, *Qu'vn desir de vangeance est doux à ceux qu'il presse,*
Ha que i'en suis rauie! vne seule tristesse
Rend en quelque façon mon plaisir alteré,
C'est qu'il a moins de sang qu'il ne m'en a tiré.
Le Ciel guide vos pas, l'infortuné Troile
N'aura point les deuoirs deuant la mort d'Achille,
Ie veux qu'il soit vangé deuant qué d'estre plaint,
Donc, ô braue Paris, si fort, & si peu craint,
Rens deux diuers transports satisfaits à mesme heure,
Sois lent, que ie me vange, haste-toy, que ie pleure.

PARIS.

On me r'aporte mort, où ie reuiens vainqueur.

HECVBE.

Ha! si vous le pouuez apportez moy son cœur.

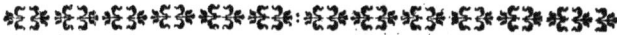

SCENE DEVXIESME.

VLISSE. AIAX.

VLISSE.

OVy sans doute il persiste en ses flames impures,
Et ie n'en tire point de foibles coniectures.

AIAX.

Il nous a tesmoigné que s'on feu s'est éteint.

VLISSE.

Et c'est par où ie voy qu'il est encore atteint:
Il monstroit son amour estant opiniâtre,
La Grece en murmuroit, il falloit bien combattre.
Mais ses coups n'ont esté que de subtils moyens
Pour vaincre nos soupçons plustost que les Troyens.

AIAX.

Ie veux que cela soit, mais apres tout Achille
Pour plaire à Polixene eust espargné Troïle.

VLISSE.

Son bras se deschargeoit sur le simple soldat,
Attribuez le reste à l'ardeur du combat,

Il eut vne fureur à ſoy-meſme contraire,
Et nous voulut tromper, & non pas les deffaire.

AIAX.

,, *Auſſi le plus vaillant eſt le plus aueuglé,*
,, *Dans la chaleur des coups vn bras n'eſt point reglé,*
,, *Il frappe ce qu'il flatte, & l'ardente Bellonne*
,, *Couure les ſiens de ſang, & ne cognoiſt perſonne,*

VLISSE.

Quoy qu'à tant de Troyens il ait rougy le flanc,
Il pleure dans le cœur ſa victoire, & leur ſang,
Sa fureur n'eſtoit rien qu'vne pitié cachee,
Et nous auons de luy cette palme arrachee.
Elle n'eſt pas entiere, Achille en ce beau iour
Fait trop peu pour la Grece, & trop pour ſon amour.
La tréue qu'auſſy toſt il leur a procuree,
M'eſt de ſa paſſion vne preuue aſſuree,
Il veut les conſoler des trauaux qu'ils ont eus,
Et ſe veut excuſer de les auoir vaincus.
Vn temple eſt icy prés que mon eſprit ſoupçonne,
Le lieu du rendeZ-vous que cette amour ſe donne,
Couurons noſtre deſſein du ſeruice des Dieux,
La tréue nous permet de viſiter ces lieux,
Ou plu ſtoſt demeurons pres des murs de la ville.

AIAX.

Nous ſeruirons la Grece, & cognoiſtrons Ahille,

Moy pour en faire apres vn vtille rapport,
Ie verray de la ville, & le foible & le fort,
Tu pourras d'écouurir tout ce qu' Achille braſſe,
Et nous recognoiſtrons, toy ſon cœur, moy la place.

SCENE TROISIESME.

Le Temple d'Apollon pareſt.

ACHILLE, ALCIMEDE.

ACHILLE.

Ais ie ſuis innocent puisque i'ay combatu
Pour vaincre le ſoupçon que l'armee auoit eu,
Ma reputation n'euſt aquis que du blame,
Et i'euſſe trahy meſme ꝼlion, & ma flame,
Ce naufrage dernier les approche du port;
Ie trauaille à leur paix,

ALCIMEDE.

Ouy, mais Troile eſt mort.

ACHILLE.

Sa temerité ſeule eſt cauſe qu'il ſuccombe,
Ie me deffens, il meurt, ie me ſoutiens, il tombe.

ALCIMEDE·

ALCIMEDE.

Hé bien, Achille est iuste, il n'a point offencé,
Mais qu'attend l'innocent d'vn Iuge interessé?
Priam est vôtre Iuge, il est vostre partie,
Vous venez à l'Autel de mesme que l'Hostie,
Ce sont des ennemis qui flattent pour tromper,
Qui ne vous ont parequ' afin de vous frapper,
Vous estes menacé d'vne affreuse tempeste,
Et le Ciel, & l'Enfer grondent sur vostre teste,
Que faittes-vous icy? qu'esperez-vous de bon
Pres du tombeau d'Hector, & des Dieux d'Ilion?
Hecube, & Polixene auront vn front seuere,   (mere,
Les pourrez-vous fléchir? l'vne est sœur, l'autre est
Tant de fiers ennemis vous pourront outrager,
Et s'ils ayment leur sang ils voudront le vanger:
Empeschez, iuste Ciel, que ce malheur arriue,
Meurs, ô pieté sainte! afin qu'Achille viue.

ACHILLE.

Foible, & trop lâche esprit à la frayeur ouuert,
Me puis-ie pas sauuer, si le Ciel ne me perd?
S'il veut qu'auec mes iours ma gloire se consomme,
Le Ciel n'est-il pas Ciel, & ne suis-ie pas homme?
Si tu m'as veu saigner, tu me peux voir mourir,
La mort est vn danger que ie dois encourir,

,, *Tout l'effort des humains contre elle est ridicule,*
C'est le destin d'Achille, & ce le fut d'Hercule.
Mais quel presage as-tu de ce mal que tu crains?

ALCIMEDE.

,, *Où le malheur se voit les presages sont vains,*
Quoy pour vous auertir du danger où vous estes,
Est-il besoin qu'en l'air s'allument des cometes?
Que la terre ait pour vous d'horribles tremblemens,
Que le Ciel soit en trouble auec les elemens,
Et vous voyant tomber dans vn indigne gouffre
Que la Nature éclate à cause qu'elle souffre?
Ie sçay dans quel desordre autrefois elle fût,
Combien elle sua quand Alcmene conçût,
Tout fut enseuely dans vne nuit profonde,
Alcide en se formant cousta trois iours au monde,
Le monde sans dommage aussi vit son trépas,
Le Soleil l'aperçeût, & ne s'en émeût pas,
L'air fut sans aucun vent, le Ciel fut sans tonnerre,
Sans orage la mer, sans abisme la terre,
Le cours de ces flambeaux ne fut point déreglé,
Luy seul perdit le iour, rien n'en fut aueuglé.
Briseide, & ses pleurs, vos songes, ma tristesse,
Vous deuroient faire craindre, ils m'agitent sans cesse,
Ces augures encor seroient indifferens,
Si vos fatalitez n'en auoient de plus grands

C'eſt Hector, c'eſt Troile, Hecube, & Polixene,
Je crains la mort des vns, & des autres la haine,
Vous oſtez, à la mere vn nom qui luy fut doux,
Et vous aymez, la Sœur qui ne l'eſt plus par vous,
Vous leur ajouſtez foy, n'eſt-ce pas vn preſage
Du peril euident où le ſort vous engage?

ACHILLE.

Achille conceuroit vne ſotte terreur?
„Ha qui fait tout trembler ne doit pas auoir peur!
Il faut, quoy qu'Ilion contre luy s'éuertuë,
Que pour le voir mourir Polixene le tuë,
Si tu pleures ſa vie en de ſi belles mains,
Il te dira mourant, ie te hay, tu me plains;
L'arreſt de mon dèſtin ſortira de ſa bouche,
Et puis pour me fraper il faut qu'elle me touche,
Entre les plus heureux qui le fut iamais tant?
Elle viura vangee, & ie mourray content.
Mais ie n'eſpere pas des punitions d'elle,
Ie ſuis trop peu coupable, elle eſt trop peu cruelle,
Et puis pour me punir auec plus de rigueur,
Ses beaux yeux ſçauent bien le chemin de mon cœur.
Pour toy ſi ton repos n'eſt pas icy tranquille
Pour viure ſeurèment éloigne toy d'Achille,
Tant de laſches diſcours ſont vains & ſuperflus.

ALCIMEDE.

Periſſons, i'y conſens, & ie n'en parle plus.

❦❦❦❦❦❦❦❦❦❦❦❦

SCENE QVATRIESME.

PARIS, DEIPHOBE cachez. ACH. ALCIM.

ACHILLE continuë son discours.

CRains-tu quelque ennemy quand ton œil me con-
temple?

PARIS à Deiphobe.

Nos gens ne sont pas loin?

DEIPHOBE.

A la porte du Temple.

ACHILLE.

Mars n'oseroit tonner sur moy, ny sur les miens.

ALCIMEDE.

Mais vous estes mortel.

PARIS l'aperceuant.

Le voicy, ie te tiens.

ALCIMEDE.

Vostre danger est grand.

ACHILLE.

„ *Qui dans son entreprise*
„ *Voit tousiours le danger à la fin le mesprise:*
Mais ie n'ay pas suiet de craindre en ce lieu-cy,
Ie ne me vis iamais plus seurement qu'icy,
Vne tréue sacree est ma iuste deffence,
Et par elle s'endort la haine, & la vengeance,
Ie goute le repos des plus lasches humains,
Loin des coups, dans vn Temple.

ALCIMEDE.

Et c'est pourquoy ie crains.

PARIS *prest à porter son coup.*

Ie sçay l'endroit fatal où ie dois faire breche,
Iuste Ciel, vange Troye, & conduis cette fleche.

ACHILLE.

Qui se prendroit à moy? qui seroit l'insensé
Qui viendroit m'attaquer? mais Dieux! ie suis blessé.

PARIS *parest, & les Troyens accourent.*

A nous, Troyens, à nous.

ALCIMEDE *l'espée à la main.*

Assassins execrables

ACHILLE *se voulant deffendre.*

Ie vengeray ma mort, infames, detestables,

Mais Achille succombe à l'effort de vos coups,
Percez, percez ce cœur, il se fioit à vous.

ALCIMEDE.

Quoy, ie ne mourray pas pour deffendre sa vie?

DEIPHOBE.

Elle sera dans peu de la tienne suiuie.

ACHILLE.

Apres ce lasche coup, malheureux, vous fuyez.

PARIS.

C'est comme nous traittons nos mauuais alliez.

ACHILLE.

Ie souffre ce trespas, dy moy qui me l'enuoye,
Et qui l'a conspiré?

PARIS s'en allant.

Moy, Polixene, & Troye.

ALCIMEDE mourant.

Pour vous faire éuiter ce funeste accident,
Alcimede viuoit, il meurt vous deffendant.

SCENE CINQVIESME.

ACHILLE Seul accoudé sur l'Autel.

SCachez vous qui tremblez aux actions hardies,
Qu'il est des chastimens, s'il est des perfidies,
Les Dieux me vangeront, non pas ces foibles Dieux,
Ilion les adore, ils sont pernicieux,
Vous desirez ma mort, eux aussi la souhaittent,
Et traistres, comme vous, meritent ce qu'ils set-
     tent.
Ha! que ie souffre bien ce que i'ay merité
Ayant fait vne tache à ma fidelité,
I'ay combatu trop peu, i'ay trop espargné Troye,
Si ie l'eusse frappee elle eust esté ma proye,
I'eusse à mes volontez asseruy son destin,
Et qui m'a fait esclaue eust esté mon butin.

SCENE SIXIESME.

AIAX, VLISSE, ACHILLE mourant.

ENtrons effrontément, c'est trop de patience,
Et ie crains les effets d'vne telle alliance.

VLISSE.

Nous sommes ruinez, s'il fait tout ce qu'il peut.

Il ap-
perçoit
Achille.
O Ciel!

ACHILLE.

Coulle, mon sang, Polixene le veut.

VLISSE.

Que voy-ie? Achille meurs, son propre sang le noye,
Sa mort est ton forfait, triste, & perfide Troye.

AIAX.

Par quelle perfidie, ou par quelle valeur
Te voy-ie, nostre Amy, reduit à ce malheur?

ACHILLE.

Deux mots vous apprendront mon infortune extreme,
Mon amour vous trahit, & m'a trahy moy-mesme,

Priam

Priam veut mon trespas, & Paris l'entreprend,
Vne main si debile a fait vn coup si grand,
Ces lasches ont rompu la tréue, & leur promesse:
Mais quoy que mon amour ait offencé la Grèce,
Faittes les ressentir du tort que i'en reçoy,
Et ne vous vangeZ pas de moy, mais vangez moy.

AIAX en l'embrassant.

Ouy, i'vseray contre-eux de ta valeur extréme,
Et ie m'efforceray d'heriter de toy-mesme.

ACHILLE.

Que de viues douleurs! Parque, acheue ton coup,
Je ne veux pas me plaindre, & i'endure beaucoup.

VLISSE.

Iuge quelle est ta faute, Achille, par ta peine,
Voilà ce que te vaut l'amour de Polixene,
Ce sont de l'ennemy les plus douces humeurs,
Voilà comme ils nous flatte.

ACHILLE, il meurt.

Il est vray, mais ie meurs.

VLISSE.

D'vne eternelle nuit sa paupiere est couuerte,
Ris de ton crime, ô Troye! Argos, pleure ta perte!

K

AIAX.

Perdons-nous pour iamais vn si rare thresor?
Que nous sert sans ce bras le conseil de Nestor?
Meschans, qui violez au mespris du tonnerre,
Et les loix de la paix, & les loix de la guerre,
Ce bras iusqu'aux enfers vous ira poursuiuant,
Achille n'est pas mort puis qu'Aiax est viuant:
Souuenez-vous qu'Aiax est le vangeur d'Achillé,
Que bien-tost de sa cendre il en renaistra mille,
Les Dieux, vos protecteurs, vous verront trébucher,
Et vostre ville vn iour sera vostre bucher.
Mais que veut ce Gregeois?

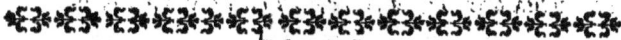

❧❧❧❧❧❧❧❧❧❧❧❧

SCENE SEPTIESME.

SOLDAT voyant Achille mort.

F Vnestes auentures!
Ie voy ce qu'ont predit tant de tristes augures,
Le camp sans les sçauoir commence à s'attrister,
Et Briseide vient de se precipiter.

VLISSE.

Chacun doit ressentir la mort du grand Achille,
Le corps qui pert ce bras doit bien estre debile.

AIAX.

Mais sans mettre du temps à s'affliger ainsi,
Puis que nous sommes trois enleuons-le d'icy,
Deuant qu'il ait receu ses honneurs, & nos larmes
L'on verra qui de nous remportera ses armes,
Un superbe tombeau luy doit estre erigé,
Aussi-tost mis en cendre, apres plaint, puis vangé.

Fin du quatriesme Acte.

ACTE V.
SCENE PREMIERE.

AGAMEMNON. LE CONSEIL DES GRECS.
AIAX. VLISSE.

Et les armes d'Achille au milieu.

HARANGVE D'AIAX.

VOY grands Dieux! qu'vn debat auiour-
d'huy s'acompliſſe,
Et deuant nos vaiſſeaux, & d'Aiax contre
Vliſſe?
Moy qui les preſerua y lors que Mars furieux
Y mit le fer, la flame, Hector, Troye, & ſes Dieux,
Ie ſoutins tout cela, luy n'oſa les deffendre,
A ce que ie merite il oſe bien pretendre.
Combattons-nous de langue, & d'vn parler ſubtil?
Ie luy cede, & me rends, couronnez ſon babil,

Il a de l'eloquence, & sa voix a des charmes,
Mais combattons de main en demandant des armes,
Cognoissons leur vsage, & si Vulcan les fit,
Ou pour vn bon soldat, ou pour vn bon esprit.
Il n'est pas necessaire (illustres Capitaines)
Que de mes actions vos oreilles soient plaines,
Vous en fustes témoins, tout le monde les sçait,
Et la nuit seule a veu tout ce qu'Vlisse a fait.
La gloire que ie veux me doit estre asseurée,
Elle est grande, il est vray, mais elle est mesurée,
Et puis à mon merite Vlisse la debat,
Et cette concurrence en auilit l'éclat :
Sa plus superbe gloire est vn honneur friuolle,
Et d'où s'éleue Aiax, c'est là qu'Vlisse volle.
Quand il n'obtiendra pas les armes qu'il pretend,
Il a des-ja son prix en me les disputant :
Et quand i'auray sur luy remporté la victoire,
Nous aurons combatu, ce sera là sa gloire.
Si i'estois sans l'éclat dont ie suis reuestu,
La Noblesse chez moy tiendroit lieu de vertu,
Les Dieux, Achille, & moy, sommes de mesme race,
Et i'obtiendrois ce bien de naissance, ou de grace,
Mais ie le hairois, ie le veux meriter,
Et l'auoir comme vn prix, non pas en heriter.
Ie sçay l'humeur d'Vlisse, & voy qu'il apprehende
D'obtenir sur le champ les armes qu'il demande :

Quand pour luy plaire Aiax s'en voudroit départir,
Il seroit l'insensé pour ne les pas vestir,
Comme autrefois charmé de sa natalle terre
Vne feinte fureur l'exempta de la guerre,
Quand son esprit touché d'vne ordinaire peur
Fuioit ce qu'il recherche auecque tant d'ardeur:
Il sera preferable à tant d'autres personnes,
Et qui n'en voulut point en aura de si bonnes?
Le merite éclattant ne sera point cognu?
Il fuira tout armé, ie combatray tout nu?
Ha que si la fureur dont il eut l'ame esmuë
Eust esté veritable, ou qu'elle eust esté cruë,
Il nous en seroit mieux, nous aurions de l'apuy,
Et nous n'aurions point veu ny ses crimes, ny luy;
Tu serois auec nous, malheureux Philoctete,
Lemnos ne seroit pas ton affreuse retraitte,
Et tu n'y perdrois point par occupation
Les traits qui ne sont deubs qu'au destin d'Ilion,
C'est là que tu languis dans vne maladie,
Que tu te plains d'Vlisse, & de sa perfidie,
Implorant contre luy le Ciel à ton secours;
(Vœux qui seront ouys, si les Dieux ne sont sours)
Palamede viuroit, ou seroit mort sans crime,
Sans qu'à tort l'auarice eust taché son estime.
Il affoiblit ainsi les forces d'vn Estat,
C'est comme on le doit craindre, & c'est côme il combat:

X iij

Ailleurs il prend la fuitte en toute diligence,
Lors que Nestor blessé reclame sa deffence,
Diomede le sçait qui mesme s'en facha,
Qui rougit de sa honte & la luy reprocha:
Cette action des Dieux ne fut pas oubliée,
Mais en vn mesme temps fut veuë & chastiée,
Tout aussi-tost luy-mesme a besoin de secours,
M'implore, & se r'assure aussi-tost que i'accours,
I'empeschay qu'à son corps l'ame ne fut rauie,
C'est la seule action qu'on reproche à ma vie.
Ingrat, si tu me veux disputer cet honneur,
Retourne aux ennemis, à ta playe, à ta peur,
Que ie t'aille assurer lors que ton ame tremble,
Et que sous ce bouclier nous querellions ensemble.
Tout fuit, Hector paraist, il amene auec soy,
Pour vaincre sans combattre & la crainte, & l'effroy,
Se dispose à brûler nos voilles, & nos rames,
Mon bras seul repoussant Hector, ses dieux, ses flames,
Couure toute la Grèce auec ce large écu
Nous en venons aux mains, ie n'en suis pas vaincu,
Nous nous craignons tous deux, quel honneur, quelle
Ne triomphois-ie pas empeschant sa victoire? (gloire,
Et quand tout furieux sous les murs d'Ilion
Je repoussois l'effort de ce ieune lion,
Que faisoit lors Vlisse auec sa Rhetorique?
Qui vous seruoit le mieux ou sa langue, ou ma pique?

Quels estoient nos vaisseaux en ce triste accident?
N'alloient-ils pas sans moy faire vn naufrage ardét?
Par les feux nostre flotte eust esté consommée,
Et l'espoir du retour s'en alloit en fumée,
Songez quels nous estions quand Hector arriua.
Vos vaisseaux sont entiers, armèz qui les sauua?
Ces armes dont iadis la gloire fut si grande,
Vous demandent Aiax, comme Aiax les demande,
Qui si vostre Iustice honore ma valeur,
I'en augmente mon lustre, & ie maintiens le leur.
Voyons qui les merite, & que ce braue Vlisse
Compare à ma vertu son infame artifice,
Qu'il compare à ces faits glorieux à mon nom,
Et les cheuaux de Rhese, & la mort de Dolon:
Il n'a rien fait de iour, & rien sans Diomede,
Qu'il en ait la moitié, si l'autre les possede.
Mais qu'Vlisse n'ait rien puis qu'il est sans vertu,
Il a bien dérobé, mais i'ay bien combatu.
Ha certes sa folie est digne de nos larmes,
Il demande sa perte en demandant ces armes,
L'éclat de cét armet de qui l'œil est touché,
Le pourroit descouurir quand il se tient caché,
Ses lueurs trahiroient ses ruses, & sa gloire,
La nuit sa confidente en paroistroit moins noire,
Acheueroit-il mieux ses illustres desseins?
O ue feroit cette espee en ses debiles mains?

Au

Au lieu de récompence il recherche vn suplice,
Ne fusse rien qu'vn bras que tout le corps d'Vlisse,
Ce grand, & large écu que i'ay seul merité,
Qui porte tout le monde, en seroit-il porté?
Si vostre iugement à cet honneur le nomme,
Vous ruinez la Grece, & perdez ce grand homme,
Comme dans vn cercueil ce sera l'enfermer,
Et vous l'étouferez en le pensant armer.
Ce prix de la valeur, ces armes deffenduës
Par vn si foible corps, seront bien-tost perduës,
Vlisse se verra de tous costez atteint,
Et sera deſpouillé deuant que d'estre craint.
I'ay donné de moy-mesme vne aſſez ample preuuë,
Ma cuiraſſe est vſee, il m'en faut vne neuuë,
Qu'est-il besoin qu'Vliſſe ait vn autre bouclier?
Le mien est tout percé, le sien est tout entier.
Mais c'est trop diſcourir, ces armes diſputees
Entre les ennemis doiuent estre iettees,
Meriton par le sang vn si glorieux prix,
Et qu'enfin il demeure à qui l'aura repris.

HARANGVE D'VLISSE.

SY le Ciel m'euſt ouy (iuſtes, & braues hommes)
On ne nous verroit pas en la peine où nous sommes,
Ie me tairois, Aiax seroit moins animé,
Car tu viurois (Achille) & tu serois armé.

L

Mais puis que le trespas qui se rit de nos larmes
En nous l'ayant osté n'en laisse que les armes,
Qui par ses actions les peut mieux meriter.
Que celuy d'entre nous qui les luy fit porter?
N'estimez point qu'Aiax ait obmis quelque chose
Dont le ressouuenir soit vtille à sa cause.
Que si de ses raisons le poids n'est pas trop grand,
Croyez qu'il est iniuste encor plus, qu'ignorant.
Pour en venir au point où son audace aspire
Il a dit, quoy que mal, tout ce qu'il pouuoit dire.
Si i'ay de l'eloquence, au iugement de tous,
Souffrez que ie m'en serue, elle a parlé pour vous.
Ie m'en puis bien ayder en cette procedure,
Et me seruir d'vn don que m'à fait la Nature.
Je ne veux point briller de l'eclat d'vn ayeul,
Et ie vante icy que mon merite seul,
Mes peres dans le Ciel ont pourtant vne place,
Le crime, ny l'exil ne sont point dans ma race. (ayeux,
Mais quelques grands honneurs qu'ayent receu mes
Ulisse rougiroit s'il n'estoit pas comme eux,
Et si vos iugemens rendant ses vœux prosperes
Recompensoient en luy la vertu de ses peres.
Ses gestes sont presens, leurs gestes sont passez,
Honorez leur memoire, & le recompensez.
Ie voudrois en ce lieu tous mes faits vous deduire,
Mais i'en ay bien plus fait que ie n'en sçaurois dire.

Parlons-en toutes fois. Quand l'esprit de Thetis,
Eut lû dans les secrets du destin de son fils,
Par le conseil rusé d'vne crainte subtille
Sous l'habit d'vne femme elle déguise Achille,
Et cette inuention la tire de soucy,
Tous les yeux sont trompez, & ceux d'Aiax aussi,
Que fera mon esprit pour le bien de la Grece?
S'il ne trompe vne mere, & mesme vne Deesse?
Pour estre mieux Vlisse il faut ne l'estre point,
A mon déguisement l'artifice se ioint,
I'étalle ce qui rend les filles mieux parées,
Et parmy tout cela quelques armes dorées,
La curiosité fait que ie les cognois,
L'vne orne ses cheueux, l'autre pare ses doits,
L'vne prend des habits qui releuent ses charmes,
L'autre prend des joyaux, Achille prend des armes.
Ie le voy, ie l'amene, & luy dis à l'instant,
Marche contre Ilion, sa ruïne t'attend.
Tous ses faits sont les miens, par moy Thebes fut prise,
Et Lesbos sacagee, & Tenede conquise,
Troye en la mort d'Hector commença de perir,
Ie ne l'ay pas tué, mais ie l'ay fait mourir,
Enfin par le secours de mon sage artifice
Tout ce qu'a fait Achille est ce qu'a fait Vlisse.
A ses armes (Seigneurs) puis-je pretendre à tort?
Vif, il en eut de moy, qu'il me les rende mort.

                                    L ij

Et quand le port d'Aulide enuieux de nos palmes
Retenoit nos vaiffeaux fur des ondes trop calmes,
Que Neptune craignoit nos glorieux combas,
Qu'Eole eftoit Troyen, & ne nous fouffloit pas,
Qu'il falloit par la voix d'vn feuere Genie
Mefme acheter les vens du fang d'Iphigenie,
Qui pût iamais refoudre Agamemnon que moy?
Il eftoit pere, & Roy, mais il demeura Roy.
Si feulement Aiax euft par la mefme voye
Tenté ce que ie fis, nous n'aurions pas veu Troye,
Ie croy que fon difcours euft efté fans pareil,
Et qu'il euft bien émû Priam, & fon confeil,
Si ce grand Orateur s'expofant à la haine
Euft efté chez Pâris redemander Helene,
Il eût bien éuité de fi forts ennemis,
C'eft le premier danger où nous nous fommes mis.
Ie voudrois bien fçauoir à quel vtile ouurage
S'eft toufiours exercé ton valeureux courage,
Il s'eft paffé des iours qu'on n'a point combatu,
Toy qui n'as que ton bras, à quoy t'ocupois-tu?
Quel eftoit ton trauail? car fi tu me demandes
Mes occupations, elles font toufiours grandes,
Ie veille quand tu dors, ie ne pers point de temps,
Ou ie te fortifie, ou bien ie te deffens,
Tu n'és point affeuré, fi mon efprit fommeille,
Et fi ie ne combas, il faut que ie confeille,

Ie n'ay iamais perdu mes discours, ny mes pas,
Ie creuse des fossez, i'exhorte nos soldats,
Mon esprit pour objet n'a que de grandes choses,
Sans cesse ie trauaille, & souuent tu reposes.
Et lors que le Gregeois d'vn songe espouuanté
Quittoit ce qu'en neuf ans son bras auoit tenté,
Qu'on voyoit de nos gens le courage s'abatre,
Que ne combatois tu pour le faire combatre,
Mais tu fuiois toy-mesme, & tu te disposois
A ce retour honteux au Gendarme Gregeois,
Ma remontrance vtille à la gloire des nostres
Te fit tourner visage aussi bien comme aux autres.
Voilà ce que i'ay fait pour nostre commun bien,
Ie le dis pour ma cause, & ne reproche rien,
Me refuserez-vous ce que ie vous demande
Quoy? qu'vn autre qu'Vlisse à cet honneur pretende?
Il n'est point de dangers qu'Vlisse n'ait tentez,
Vous le sçauez (Gregeois) ou si vous en doutez,
I'en porte dans le sein des assurances vrayes,
Et nous auons aussi de glorieuses playes,
Regardez-les, de grace, au point où ie me voy,
Ces bouches sans parler harenguent mieux que moy,
Qu'a de plus cét Aiax? quoy m'est-il preferable,
A cause que sa main par vn coup fauorable
A couuert nos vaisseaux de son large bouclier,
Il fit bien ce iour là, ie ne le puis nier,

L iij

Et ie ne suis pas homme à luy rauir sa gloire,
Mais bien d'autres qu' Aiax ont part à la victoire.
Vn mystere secret à ces armes est ioint,
Quoy possederoit-il ce qui ne cognoist point?
Les Cieux, les eaux, les champs, & les villes grauees,
Ouurage de Vulcan, seroient mal obseruees,
Cet écu pour Aiax a-t'il esté formé
Vn soldat ignorant n'en doit pas estre armé.
Ie me suis feint, dit-il, de la guerre incapable,
Si ma feinte est vn crime, Achille fut coupable,
Deux femmes sur nous deux l'emporterent iadis,
Nous n'en rougirons point, ie fus mary, luy fils,
Elles ont obtenu par vn pouuoir celeste,
Vn peu de nostre temps, vous auez eu le reste.
Mais sans toy, poursuit-il, Palamede eust vescu,
Car tu l'as accusé sans l'auoir conuaincu,
Ailleurs son innocence eust trouué des refuges,
Vous l'auez condamné, deffendez-vous, mes Iuges,
Non, non, vos iugemens ne sont point ébloüys,
Ses crimes furent vûs deuant que d'estre ouys,
Et ie n'ay point causé les maux de Philoctete,
Ny voulu que Lemnos luy seruist de retraite.
Mais malgré son couroux qui contre nous s'émeut,
Il faut pourtant qu'il vienne, & le destin le veut,
Qu' Aiax l'aille trouuer, & qu'il le persuade,
Si vous luy commettez vne telle ambassade:

Le superbe Ilion sera long-temps debout,
Fust-il plus animé, i'en viendray bien à bout,
Ses fléches, & sa main déja vous sont aquises,
Et cela n'est qu'au rang des moindres entreprises.
Vlisse a bien sué par de plus grands trauaux,
Dolon en est témoin, & Rhese, & ses chenaux,
Et sur tout, & sur tout l'image de Minerue
Où la fatalité d'Ilion se conserue;
Ma genereuse main l'arracha de l'autel,
Auecque ta vaillance, as-tu rien fait de tel?
Troye estoit inuincible en estant deffenduë,
I'ay fait qu'on la peut vaincre, ainsi ie l'ay vaincuë,
I'ay vollé ce thresor, le Ciel m'aperceuant,
Le iour, dans Troye, au Temple, & mesme Hector
    viuant.
A quelque haut dessein où ta vaillance busse,
Oserois-tu tenter ce qu'Vlisse execute?
Tu fais ce que tu peux alors que tu combas,
Mais i'ay le iugement aussi bien que le bras,
Accordez-moy (Gregeois) vne faueur si grande,
I'ay merité ce prix, & ie vous le demande,
Souuenez-vous d'Vlisse, & de ce qu'il a fait,
Ses seruices de vous exigent cét effet,
Pour les recompencer, qu'il se puisse deffendre,
Par ceux qu'il vous rendit, par ceux qu'il vous peut
    rendre,

Par ses conseils suiuis, par ses soins vigilans,
Par Troye à demy prise, & par ses murs branlans,
Que les armes d'Achille animent mon courage,
Au moins honorez-en Vlisse, ou cette image.

Il montre le Palladion.

❊❊❊❊❊❊❊❊❊❊❊❊❊❊❊❊❊❊

SCENE DERNIERE.

Icy le conseil delibere auec Agamemnon.

AIAX. VLISSE. AGAMEMNON.

AIAX.

LE vice, & la vertu tendent à mesme fin,
Il montre nos vaisseaux, il montre son larcin,
A personne (Gregeois) ne soyez fauorables,
Ie vous ay bien seruis, vous estes équitables,
Des effects d'vn causeur ne soyez point charmez,
Escoutez-le, ie pers, voyez-moy, vous m'armez;
Ce prix à l'eloquence est vn prix inutille,
Ornez-en vostre Aiax; il sera vostre Achille.
Vlisse est mon Riual, & vous deliberez?
Soyons seulement veus, & non pas comparez.

VLISSE.

La Grece a par mes soins la fortune prospere,
Elle cognoist Vlisse, elle est iuste, i'espere.

Oubliriez

Oublieriez-vous (Gregeois) mes seruices passez?
I'attens ma recompence, & vous en iouïssez.
Comme vous le sçauez, mes parolles sont vrayes,
Voyez cette Pallas, vous auez veu mes playes;
Quoy qu'Vlisse ait rauy par de nobles moyens
Tout ce qui soustenoit l'Empire des Troyens,
Il vous peut rendre encore vn fidelle seruice.

AIAX.

Souuenez-vous d'Aiax.

VLISSE.

Souuenez-vous d'Vlisse.

AGAMEMNON.

Tout le Conseil s'estant rassis.

Que ne suis-ie priué du Sceptre, & du pouuoir
Que malgré mes desirs le Ciel ma fait auoir,
Ie n'obeïrois pas à cette loy seuere
Qui tout Roy que ie suis veut que ie la reuere,
Et veut que ie prononce vn arrest importun
Qui de deux concurrens n'en peut obliger qu'vn;
Ma fille par ma voix seruit au sacrifice,
Parce que ie commande il faut que i'obeïsse,
Que si l'vn de vous deux se voit des-obligé,
Ie parle seulement, les autres ont iugé,

M

Qu'il tesmoigne pourtant vne constance insigne,
Et s'il n'a pas ce prix qu'il en paroisse digne,
Supportant ce refus sans en estre estonné
Il est plus glorieux vaincu que couronné,
Ces armes qu'on luy nie apres luy seront deües,
Ou ne les gagnant pas il les aura perduës,
Vlysse, on vous cognoist, & non pas d'auiourd'huy,
Pour Aiax, tout salaire est au dessous de luy.
Ouy, braue, & fort Aiax, i'ay charge de vous dire
Que la Grece vous doit l'honneur de vostre Empire,
Contre Hector, & pour nous parut vostre vertu,
Vous l'auez repoußé, vous l'auez combatu,
Enfin vous meritez, agissant de la sorte,
Au dessus de ce prix, mais Vlisse l'emporte.

VLISSE prend les armes.

Pour ces armes mon cœur a fait des vœux ardens,
Assurez-vous (Gregeois) que ie mourray dedans

AGAMEMNON à Vlisse.

Ses yeux, & son silence expliquent bien sa rage,
Vlysse, adoucissons ce violent courage.

VLISSE.

I'y consens, i'ay mon prix, Que veux-tu, cher Amy?
Ces armes ne t'auroient satisfait qu'à demy,

C'est trop peu pour Aiax, c'est assez pour Vlisse,
Si tu crois que par là ta gloire s'accomplisse,
Accepte-les, i'eus tort de te les disputer,
Et personne que toy ne les sçauroit porter.

AIAX monstrant l'espée d'Achille au costé d'Vlisse.

Vous auez pour ce fer des mains assez robustes,
Aiax est moins qu'Vlisse, & mes iuges sont iustes.

AGAMEMNON

Ne vous irritez point d'vn iugement forcé,
Esperez d'estre ailleurs bien mieux recompencé.

AIAX.

Ie ne m'irrite point de vos arrests augustes,
Ma cause estoit mauuaise, & mes Iuges sont iustes.
Qu'esperois-je, ingrats, quelle faueur, quel bien,
Puis que du grand Achille il ne reste plus rien?
Il est vray, ce salaire estoit digne d'Vlisse,
Ie vous l'ay demandé, i'ay fait vne iniustice,
Comme pour vous i'eus tort d'exercer ce bras cy
En me recompençant vous auriez tort aussi,
Et puis mon esperance estoit illegitime,
Qu'attendrois-je de vous n'ayant point fait de crime?
Vous, dis-je, dont l'esprit laschement abatu
Recompence le vice, & punit la vertu?

M ij

Ne ſoyez point ingrats, c'eſt aſſez d'eſtre iniques,
R'appellez du paſſé vos miſeres publiques,
Remettez voſtre flotte en ſon premier malheur,
Reſſuſcitez Hector, ſa force, & voſtre peur,
Fuiez bien loin des murs d'vne ſuperbe ville,
Implorez mon ſecours, qu'il vous ſoit inutille,
Empeſchez que mon corps n'ait reçeu tant de coups,
Rendez-moy tout le ſang que i'ay verſé pour vous,
Et qu'apres, s'il le faut, Vliſſe me ſurmonte,
Et qu'il demeure apres glorieux de ma honte,
Cœurs ſans recognoiſſance! il vous faut vn tel bras,
Vous voulez qu'il vous ſerue, & vous ne l'armez pas,
On me prefere Vliſſe!

AGAMEMNON.

Ha! ſa fureur l'emporte.

AIAX, il tire ſon eſpeé

Mais ſçachez que ma cauſe eſt touſiours la plus
forte,
Ce fer au lieu de vous me recompenſera,
Et d'Aiax ſeulement Aiax triomphera,
L'honorable ſecours de ma fidelle eſpeé
Qu'au ſang des ennemis i'ay trop ſouuent trempee
Me rendra glorieux par le reſte du mien,
Vliſſe, elle eſt à moy, vous n'y pretendez rien,

AGAMEMNON.

Estouffez, braue Aiax, cette fureur extréme,
Vous aurez tout vaincu vous surmontant vous-
mesme.

AIAX le regardant de trauers.

Qu'on ne m'aproche pas, ou ie me vangeray
Dy moy, mon desespoir, quel chemin ie suiuray,
Que feray-ie vaincu?

AGAMEMNON.

Son courage est à craindre.

VLISSE.

C'est enflamer ce feu que le vouloir esteindre,
Empeschons seulement qu'il ne se fasse tort.

AIAX dans vne resolution.

Voicy mes ennemis, voilà Troye, & ma mort,
Nous vangerõs nous d'eux ? i'aurois trop peu de gloire,
Feray-ie qu'Ilion ait sur eux la victoire?
Ie ne leur veux point faire vn si sensible affront,
Tous lâches, tous meschans, & tous ingrats qu'ils sont,
Mais leur faux iugement m'a traité de la sorte,
Aiax est sans deffence, Vlisse armé, n'importe,

Cela sentiroit trop son courage abatu,
Laissons-les dans le vice, & suiuons la Vertu,
Mourons, c'est le dernier, & le plus seur remede

Il se donne　*Que ie doiue appliquer au mal qui me possede.*
vn coup.

AGAMEMNON & les autres.

Hé, de grace!

AIAX, il s'en donne encore vn.

Mourons, ha qu' auiourd'huy ma mort
Affoiblit, & r'enforce, est vtille, & fait tort!
Mais dans mon sang ma vie, & ma honte se noye,

Il tombe　*Puis qu' Aiax est tombé, subsiste, heureuse Troye.*
mort.

AGAMEMNON.

O Ciel! de sa main propre il s'est ouuert le flanc,
Et son couroux éteint fume encor dans son sang;
Cette mort de nos Dieux est donc venuë, & soufferte
Ha que nous faisons bien vne seconde perte!

VLISSE.

Ie gouste peu l'honneur de ce prix obtenu,
Pleust aux Dieux qu'il fust vif, & que ie fusse nu!
Mais puis que c'est vn mal qui n'a point de remede,
Dissimulons au moins le dueil qui nous possede.

AGAMEMNON.

Il est vray qu'Ilion, s'il sçait cet accident,
S'animera bien mieux, deuiendra plus ardent.
N'encourageons pas tant cette orgueilleuse ville,
Soupirons pour *Aiax*, éclatons pour *Achille*,
Brulons l'vn en public, brulons l'autre en secret,
Et de tant de regrets ne montrons qu'vn regret,
Affin que le *Troyen* n'y puisse rien comprendre,
Nous en pleurerons deux sur vne mesme cendre.

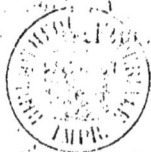

FIN.

www.ingramcontent.com/pod-product-compliance
Lightning Source LLC
Chambersburg PA
CBHW060642100426
42744CB00008B/1731